小樹文化
Little Trees

維吉爾・希利爾 Virgil Mores Hillyer ——著
陳繼華、劉娟——譯

全彩插圖版
古文明

給中小學生的世界歷史

美國最會說故事的校長爺爺，
帶你搭時光機，見證人類重要時刻

A Child's history of the World

給中小學生的世界歷史【古文明卷】

作者：維吉爾．希利爾（Virgil Mores Hillyer）｜譯者：陳繼華、劉娟

小樹文化股份有限公司

總編輯：蔡麗真｜副總編輯：謝怡文｜責任編輯：謝怡文｜行銷企劃經理：林麗紅｜行銷企劃：蔡逸萱、李映柔｜校對：魏秋綢｜封面設計：周家瑤｜內文排版：洪素貞

讀書共和國出版集團

社長：郭重興｜發行人兼出版總監：曾大福｜業務平臺總經理：李雪麗｜業務平臺副總經理：李復民｜實體通路暨直營網路書店組：林詩富、陳志峰、郭文弘、賴佩瑜、王文賓｜海外暨博客來組：張鑫峰、林裴瑤、范光杰｜特販通路組：陳綺瑩、郭文龍｜電子商務組：黃詩芸、李冠穎、高崇哲｜專案企劃組：蔡孟庭、盤惟心｜閱讀社群組：黃志堅、羅文浩、盧煒婷｜版權部：黃知涵｜印務部：江域平、黃禮賢、李孟儒

發行：遠足文化事業股份有限公司

地址：231 新北市新店區民權路 108-2 號 9 樓
電話：(02) 2218-1417 傳真：(02) 8667-1065
客服專線：0800-221029
電子信箱：service@bookrep.com.tw
郵撥帳號：19504465 遠足文化事業股份有限公司
團體訂購另有優惠，請洽業務部：(02) 2218-1417 分機 1124

法律顧問：華洋法律事務所 蘇文生律師

出版日期：2013 年 4 月 8 日初版首刷　ISBN 978-626-96219-8-9（平裝）
2018 年 5 月 23 日二版首刷　ISBN 978-626-96495-6-3（EPUB）
2022 年 8 月 31 日三版首刷　ISBN 978-626-96495-5-6（PDF）

國家圖書館出版品預行編目資料

給中小學生的世界歷史【古文明卷】／維吉爾．希利爾（Virgil Mores Hillyer）著；陳繼華、劉娟 譯 – 三版 – 新北市：小樹文化股份有限公司 出版；遠足文化股份有限公司 發行，2022.08 面； 公分
譯自：A child's history of the world
ISBN 978-626-96219-8-9(平裝)
1. 世界史 2. 通俗作品

711　　111013013

線上讀者回函專用 QR CODE
您的寶貴意見，將是我們進步的最大動力。

立即關注小樹文化官網
好書訊息不漏接。

教育界人士熱情推薦

全國家長團體聯盟前理事長　謝國清

這是一本非常好看的歷史書，以我理工科的背景，自從離開學校後就鮮少有機會閱讀歷史類的書籍，沒想到翻了幾頁後，竟有一股想一口氣把它讀完的衝動。其實我從小就不喜歡「枯燥無聊」的歷史課，一堆與自己毫不相干的文字，為了考試不得不勉力背下來，一旦考完試就還給老師了，因此，即便有人說讀歷史可以有穿越時空讀故事的有趣感，但總引不起我的興趣。

但讀這本書確實讓我有穿越時空的故事感，它用淺顯且生活化的文字，像在對孩子說話的筆調描述歷史故事；譬如，他說如果一個人可以活到一百歲，則只要有二十個連續活到一百歲的人，兩千年前的事也不過就是第一個活到一百歲的那個人的故事，這就好比說當我們看到一座百年房屋時，如果阿公的年紀七十歲，那不就代表阿公的爸爸的朋友可能住過那間房子嗎？這樣的描述一下子把歷史給拉近了。

此外，通常歷史書會以縱向方式一段段獨立的談歷史，所以我們不容易清楚同一時代不同歷史事件間的關連，或同一時間不同地方的歷史發展，譬如當耶穌誕生時，中國正在發生哪些事？或孔子周遊列國時，歐洲人正在做什麼？而這本書試圖橫向的進行歷史的連結與探討，這使得讀這本書時視野變寬了；所以父母親其實可以買來跟孩子一起共讀。

台灣國際蒙特梭利小學副校長　李裕光

本書的作者抓住了義大利教育家瑪麗亞·蒙特梭利的精神，以兒童為本位，把人類的故事、數千年中外的歷史，浩瀚如大海的材料，篩選成有趣、易讀的童書，相信定能激發小學孩子探索世界的好奇心，真是太好了！

之道學習創辦人　鄭婉琪

人類歷史複雜而豐富，如同大自然一般，是讓孩子產生好奇與探索的重要媒材。這套書的大綱脈絡鋪陳了重要的歷史點，又能在各個歷史點上以故事的方式生動呈現。孩子會喜歡，家長也可以跟著重讀歷史而有「原來是這樣啊」的驚喜。

全國教師工會理事長　劉欽旭

作者以總是能引起閱讀興趣的口語轉換成文字，透過聯繫性歷史典故的向前推演，精確又自然的吸引了讀者眼光，特別是孩童們。這些跨越時空、語言、文化的故事，突破重重限制完成出版，我們慶幸全世界的孩童與一般讀者，得以透過閱讀這一系列書籍，自然的強化了歷史、地理、藝術素養。希利爾校長的著作真的值得推薦。

暢銷書《沒有圍牆的學校》作者　李崇建

要先給孩子史觀？還是史綱呢？或是只要講歷史故事就好了？這是我曾在體制外中學討論歷史課程的難題。如果當時看過《給中小學生的世界歷史》，就會找到答案了。這本書是絕佳的讀本，最棒的歷史教育書，我推薦給所有的孩子，與關心歷史教育的父母與老師。

親子教養書作家　彭菊仙（Chu-Chu 媽咪）

在讀此書時，我深深感受到作者先讓自己回歸到一顆「孩子心」、一雙「孩子眼」，書裡的每一個章節都照顧到孩子的胃口、眼界與興趣焦點！為孩子寫書，若不以此出發，絕對無法得到孩子的共鳴，尤其是記述眾多遙遠國度陌生糾纏的歷史演進。作者娓娓道來的用字遣詞、舉例討論，完全符合孩子的心智發展，孩子絕對能輕鬆的把自己牽進複雜的歷史脈絡之中。如果願意親子共讀，我覺得還會有一個更棒的收穫——「從孩子出發」的這套書能讓父母成為孩子最棒的說書人！

慧燈中學創辦人　林光義老師

這本書很好，我會率先買幾本來送給孩子。

各級學校家長協會理事長 李秀貞

一直以來，我們給孩子的歷史書籍的文字、圖片，都是官方模式較多，而且都用很生硬、嚴肅的文字來敘述。我們都有同樣的經驗不是嗎？也都知道這種表層的陳述，只能用強記死背的方式來學習。

希利爾校長是一位高明的兒童文學家，深知兒童心理，以說故事的方式，用孩子的語言深入淺出，巧妙鋪陳，適時留下一些空白，讓孩子探討時間、地點、人物和原因。這樣含有人性化、加入批判性思考空間的方式，能良性引導兒童的閱讀，並啟發他們的同理心。他的教育方式是無形的，是平順自然的，能自然堆砌孩子學習台階乃至層層階梯，並且其中有很多探索會讓人不由自主的接續，還有層次及方向。我覺得這種明顯的、不辛苦的學習真好。

很喜歡這套書，誠心推薦給愛孩子閱讀的家長，讓您的寶貝能在快樂中學習歷史。

自主學習促進會理事長　唐光華

許多台灣兒童對人類歷史十分好奇，本書是很好的入門書，不僅滿足孩子對世界史知識的渴求，還教導孩子閱讀世界史的良好方法與態度。

暢銷書《最美的教室》作者、梅林國小老師　黃振裕

這是寫給孩子一篇篇累積成歷史的故事書，像看故事一樣輕鬆，卻把世界歷史不知不覺留在腦海中；這本書像魔笛，循著歷史的笛聲孩子會不知不覺的進入歷史流裡，像我一樣，悠「游」其中。

河堤國小老師 連瑞琦

孩子主動學習的動機源自好奇心，如何點燃孩子學習世界歷史的好奇火苗，持續閱讀的熱情呢？本書作者採取的方法是在歷史的時間框架內，用孩子容易理解的語句敘寫，適合他們閱讀的內容，並輔以實照、名畫或繪圖。

這套寫給孩子的世界歷史，適合台灣孩子閱讀嗎？我從任教的高年級學生中，隨機邀請男女生各五位，利用下課閱讀一個章節。他們不受下課吵雜聲影響，專注閱讀且能摘要說出所得，有些人甚至主動的前後翻看。以下是師生對話摘要。

師：好看！（學生點頭）為什麼？

生：好像作者在對我說故事。

生：我想知道很久以前，發生了什麼事？

生：作者要我們猜發生了什麼事？我會猜猜看，想往下看發生的事。

生：作者問「你有什麼想法？」「你發現了嗎？」我會停下來想一想。

師：跟你曾經讀過的課外書、社會課本或已經知道的歷史，有什麼不同？

生：這本書寫得比較仔細，寫什麼時候發生了什麼事，為什麼會發生？

生：這本書舉許多例子，再配合看圖片，讓我知道事件的來龍去脈和重點。

生：讓我知道歷史人物做事，都有原因，事件和事件之間，也有關連。

生：對猶太人的印象是小氣，這本書讓我完整的認識猶太人。

從師生對話可知，本書提供學習世界歷史豐厚的養分，滿足小孩求知的渴望，激發小孩思考的火花。佩服作者睿智的精挑內容題材，善用類比譬喻，結合孩子的生活經驗，使陌生的歷史因而真實；善用提問，開啟孩子的想像潛能，使生硬的知識因而鮮活。

讀者試讀推薦（節錄）

Nina Han

這本書的文字除了專有名詞，大部分都使用簡單易懂的文字、穿插故事來描述歷史，非常生動，如果以前老師也這樣教的話，那看到歷史課本就不會想打瞌睡囉～雖然我不是老師，但這本書真的很適合作為課堂教材，他簡單的告訴我們世界發生甚麼事，加上生動故事輔助，讓事件變得印象深刻。舉例來說，小時候老師有提過巴比倫也提過空中花園，但僅只於名詞卻毫無概念，我看過之後，不但可以講段故事，還可以說說空中花園的由來；英文底子夠好的小朋友也可以了解一些英文字的由來。相信讀過的人都會獲益良多～值得推薦給大朋友與小朋友喔！

creambox

這本書經由簡易的文字和敘述，用一個接一個有趣的故事，佐以小插圖和小地圖橫向宏觀全面性的講述同一個時間點的世界變化；而縱向的精彩故事情節和引導，則讓孩子很容易記住重要的時間、地點、人物和原因，提供孩子對於世界發展的初步輪廓和時間概念。

有了正確的世界歷史梗概，之後孩子經由各類的學習再接觸到各個時代和國家的發展細節時，正如同房子蓋好了穩固的地基和外觀，只待慢慢的添購家具擺在適當的位置，堅固舒適的家就完成了，而孩子的世界觀也就是這樣一點一滴的被灌溉養成了。

Iris Psyche

讀這本書的感覺，真的很像是聽老爺爺說故事一樣，作者用聊天似的口吻，從人類尚未出現的時代開始說，說著說著偶爾還會拿現代人的眼光來個古今對照。如果真的能夠聽見他的聲音，我想那應該是渾厚、慈祥又幽默的聲音吧！說故事的人最厲害的地方，就是他們有本事帶領著聽故事的人，把他們的想像力發揮到極致，讓想像力馳騁，穿古溯今。

Wendy Wang

書中對於歷史事件的描述，作者在歷史題材上證明了此書乃是一本基礎的歷史教材，以成人的角度來看，其分量似乎略嫌不足，然而就一個學童而言，卻是恰到好處的選擇，對於孩童也不會造成學習上的負擔，也因為書中歷史事件內容描述簡易，執教的老師在課堂的準備上除了相較容易外，更有許多可以補充的課外教材可以選擇，如此更能增添歷史課的精彩度。

Lynn Lai

這本書從一個疑問開始，而且是每個孩子都曾想過的問題，所以一開始就吸引人忍不住得往下看，關於地球的起源的章節很有技巧的描繪文字，使人在腦海中拼湊出生動的畫面，所以我認為這本書真的很厲害，很適合將艱深難記的歷史帶進孩子的腦海中，因為連我這個大人都覺得好看，它有很多類似跟孩子問答的對話，讓孩子跟著書本去思考，歷史不再是有距離跟我不相干的一件事，而是一趟很有趣的探險之路，好想一直往下看，不知下一步會發生什麼事的那樣的感覺。

Jill Lin

說故事的方法有很多種，而這本書是一本有畫面的歷史書，它不但將故事的發生時間、地點、原因點明，更將相關的人物……等連貫起來，對孩子來說，這是一本好看的故事書。

我試著將這本書讀給即將滿三歲及五歲的兒子聽，沒想到他們會不斷的要求我繼續念，直到我投降（因為嘴巴真的很痠），可見它是非常易懂的。

蘇心蓮

我從小，就是個喜歡聽故事，卻最不喜歡讀歷史的小孩。（而且我相信，許多小孩就跟我一樣，不喜歡歷史）可就在我開始閱讀本書之後，卻無法遏止的一直看下去。

而因為是寫給孩子看的世界歷史，作者很用心地站在孩子的立場，假設孩子會提出的問題，然後再娓娓道來問題的答案和相關的歷史。好比說本書 Part3 第五篇《古羅馬（1）：羅馬城的罪惡開端》，作者問：「你聽過千里靴的故事嗎？人們只要穿上這雙靴子，就可以一步跨出好幾公里呢！」

看這本書就好像自己坐在大樹下，聽著和藹可親的老爺爺述說著古老故事，一點也不乏味無聊，反而更想繼續聽下去：「然後呢？」「接下來發生了什麼事呢？」「結果呢？」

jopphch

你喜歡探險嗎？

你喜歡美術嗎？

如果你想要啟發孩子主動探索的精神？

如果你想要引導孩子欣賞美麗的文物？

《給中小學生的世界歷史》真是一本吸引大人及小孩投入其中再三翻閱的好書！怎麼說呢？因為它是會動的故事書！

它用現在的生活來和各時期的生活相比較，讓讀者去想像過去生活該如何就地取材，去想像石器時代生活沒有現代化的科技是如此的不方便。沒有現代化的文明，生命飽受被攻擊的痛苦！

外國歷史的部分。他故事性描述的手法。把我們帶入情境！其中最讓我驚艷的是他的圖飾。無論是手繪圖說、畫、壁飾、古物都是少見卻可以讓人仔細觀察解說的好題材！

網友推薦

adam.l

很慶幸有這樣偉大的作者，讓孩子們看見這樣有趣的歷史。

微笑

這本書是以美國人口吻寫的，本想給兒子看，因為本人歷史一直都不及格，從來沒有喜歡過歷史。

不過，這本書孩子沒看，我到是看完了，寫得生動有趣，不像教科書那樣令人乏味，這裡沒有偉人，即使是偉人，也是以一個有特殊才能的普通人身分出現的。喜歡這樣的敘事方法，還輔助了必要的地圖，讓讀者看得一目了然。

錦瑟

歷史是一個人要從小讀到老的東西，所謂「以史為鏡，可以知得失」，歷史中汲取的教訓足夠我們受益終生。但是，小小的活潑好動的孩子，怎樣才能讓他接受歷史、理解歷史，甚至或多或少的明白那些大人都說不清楚的道理？

關於帝國興亡這樣複雜的命題，作者這樣告訴孩子：「這就像你吹氣球一樣，你不斷的吹氣，氣球就會變得越來越大，亞歷山大帝國也是這樣越來越大，直到突然『啪』的一聲，什麼都沒了，就只剩下一堆碎片。」

平淡

本來是計畫念給孩子聽的，但是由於理科出身，一直認為自己的歷史實在有愧於大學畢業生的稱號，自己就先瀏覽了一下。

整體來說，這本書最大的特點就是讓小朋友乃至大朋友有興趣讀。這對於孩子的歷史啟蒙來說絕對是必要的。無論怎樣，興趣是孩子學習最大的動力。

鑑往知來，為之後的系統學習打下扎實基礎

孩子，這一頁不是寫給你們的，
而是寫給那些比你們年長的叔叔阿姨。
他們是二十歲、三十歲、四十歲的大人，他們可能會翻一翻這本書，
會把這一頁叫做：前言

這套書，可以：

- 讓孩子了解一些「來到這個世界之前，就已經存在的事物」。
- 帶孩子「跳出以自我為中心的閉塞生活」，不要以為那個封閉的小世界，就是一切。
- 開闊孩子的眼界、拓寬視野，同時鑑往知來。
- 熟悉歷史上的重大事件和偉人、知曉其存在的時代，為將來的系統學習打下扎實基礎。
- 附有歷史時間樓梯，可以對應將來學到的歷史知識和歷史時代。

這些，就是我撰寫《給中小學生的世界歷史》的目的。

根據兒童的理解能力，架構出最適合的歷史教育

我所生活的那個時代，多數美國孩子都和我一樣在美國長大，受到的歷史教育也僅限於美國歷史。我就是在這樣的教育環境下成長的，年復一年，直到八、九歲的時候。

對我而言，一四九二年是世界歷史的開端（因為哥倫布於一四九二年發現美洲大陸），發生在這一年之前的任何事件或人物，我都會放到大腦中，「神話故事」那一格裡。我只在主日學校聽過耶穌和祂的時代，但那對我來說是「純屬虛構」的故事，一點也不真實。因為我所讀過的任何歷史書裡，都不曾提及祂們，所以我認為祂們一定是人類的某種想像，並不存在於真實的時空當中。

只讓美國小孩學習美國歷史，就如同只讓美國德州的孩子學習德州歷史一樣狹隘。我們通常認為，這樣的歷史教育是種愛國主義行為，但其實只能培養出目光狹隘、自我中心的成人。這種自大建立在對其他民族和時代全然無知的基礎上，事實上，這是種毫無根據、偏執的唯我主義。

第一次世界大戰後，人們終於理解，孩子應該對其他國家和民族有一定的了解。這一點變得越來越重要，因為唯有如此，孩子才可能不帶偏見的看待世間萬物。

所有教科書的編寫，都應該以孩子的理解力為出發點

孩子從九歲開始，就有強烈的好奇心，渴望知道過去發生過什麼事情，並且樂於領會世界歷史的概念。因此，多年來，在美國卡爾維特學校（編註：作者為此校校長）中，九歲的小學生已經開始學習世界歷史

了。雖然有一些老學究和家長用懷疑甚至敵對的眼光看待這樣的教學法，但是我注意到，大家已經慢慢接受這種歷史教育法，且通俗少兒歷史教科書的需求也日益增長。然而，為了讓孩子便於理解歷史的脈絡，我發現現存的所有歷史課本都需要大幅刪節，且補充一些解釋和評論。

近年來，研究美國兒童智力的機構提供了重要的研究成果：該年齡層，大多數孩子可以理解和不能理解的訊息有哪些，包括：日期、修辭、辭彙、概括和抽象概念。因此，所有教科書的編寫，都要注意到孩子的智力基準，否則內容很可能會超出孩子的理解力，導致孩子根本無法理解我們所灌輸的知識。

儘管我已從事多年兒童教學工作，也經常接觸孩子，比起一般成人，更了解孩子的內心和智力水準，但還是發現，每一堂課結束後，教案內容都必須修訂，甚至重寫。雖然，我使用了自己認為「最簡單的語言」來撰寫教案初稿，但是每一個字詞和表達，都必須一再的透過「實際上課現場」來檢驗，最後才能確定教案該寫什麼和怎麼寫。

措辭顛倒或者模稜兩可的表達，經常會讓孩子出現不同的解讀，讓他們對這些訊息感到困惑。舉個例子來說，「羅馬在台伯河上」這個陳述句，經常被孩子逐字逐句的理解為「羅馬城正好建在河上」。他們的想像力豐富，想像羅馬城的房子都建在河水中，下面用一堆木樁當做地基。九歲的孩子還很小，或許仍然相信聖誕老人存在於世界上。他們在觀念上、辭彙上、理解力上，都沒有多數成年人想像中來得成

熟。因此，傳授孩子新的知識，絕不是一件輕而易舉的事，即使教導他們的成年人是父母或老師。

所以，本書挑選的主題和內容並不是最重要的，而是以能夠被孩子理解和喜歡的角度挑選。不管文字表述多麼簡單易懂，從政治、社會、經濟和宗教方面的大多數內容，都會超出孩子的理解範圍。畢竟，這本歷史書只是一本基礎讀物，沒必要把內容寫得太複雜、全面。

以編年史的方式，讓孩子有系統的了解世界歷史

市面上有不少取材於歷史的精彩傳記和故事，也可以給孩子閱讀，但是傳記不會提供歷史大綱，讓孩子可以將內容填入將來的學習之中。事實上，除非那些內容已經被填入歷史大綱裡，否則就只是鬆散的故事，只會在孩子的大腦中像浮萍一樣各自漂泊，沒有時間也沒有地點的概念來架構。

因此，本書以編年史的方式來處理這些歷史題材，一個世紀接著一個世紀、一個時代接著一個時代，講述那些發生在過去的故事，而不是按照國家來講。一個國家的故事會被打斷，插入另一個國家的故事，就好像在小說裡，不同的線索會同時展開。這樣的撰寫方式，是為了讓孩子了解時代的全貌，不會單獨看待某個歷史事件。

本書並非把希臘史從頭到尾講完後，再把時間倒回去，從頭講羅

馬史，然後再用同樣的方法繼續講述其他國家的歷史。書中只是概略的講述每個主題，在歷史框架內介紹事件的全景，細節則留待孩子在之後的學習中慢慢填充，就像畫家在描繪細節之前，必須先勾勒出基本輪廓。這種方法對歷史知識的有序分類，是必要的，就像辦公室裡的檔案系統。

歷史時間樓梯，讓孩子理解歷史的時間脈絡

前言後面附有「歷史時間樓梯」。這個階梯狀的圖表能讓孩子對於世界歷史的時間、範圍和發展階段有比較具體的認識。樓梯的每一層代表一千年，每一個「台階」代表一百年，也就是一個世紀。如果你有一面空牆，不管是在遊戲間、閣樓還是穀倉，不妨把這個「歷史時間樓梯」放大畫在上面，從地板往上畫，直到你搆得著的高度。要是再點綴上一些人物和事件的素描，就更有特色、更精彩了。如果牆壁正對著孩子的床，那會更好。當他躺在床上的時候，就可以不去想壁紙上的卡通圖案，而去想像「歷史時間樓梯」上那些紛繁眾多的歷史事件。無論如何，孩子在學習每一個歷史事件的時候，都應該不斷的參考這架「歷史時間樓梯」，或是其他時間表，直到大腦裡有了對過去時代的輪廓。

一開始，孩子肯定不了解時間的意義，對於聽到的數字和日期沒有概念。他們會胡亂說些：西元前二五〇〇年、西元前二五〇〇〇年、西元前二五〇〇〇〇〇年，因為這些數字對他們來說毫無區別。只有不斷的參考「歷史時間樓梯」，或者時間表上的位置，孩子才會對日期有概念。所以，在沒有對應時間表的情況下，如果有孩子說：「第一屆奧林匹亞運動會的時間是在西元七七六〇〇〇年。」或者說：「義大利位於雅典。」「亞伯拉罕是特洛伊戰爭的英雄。」你可能覺得很可笑，但

千萬不要對此大驚小怪。

比如說，有人一下子介紹了一屋子的陌生人給你，你就會知道，要記住他們每個人的名字根本不可能，更不必說把名字和相貌對應起來了。所以，記憶人名和他們的面孔之前，先聽一下每個人的趣事是必要的過程。這種作法和講述世界歷史非常類似，諸多的人物、地點對孩子來說，也全都是陌生人，除了介紹名字之外，一定要多講一些與名字相關的事情。不過，每一次介紹的內容不能太多，否則他們會立即把人名和相貌忘得乾乾淨淨。經常重複新名字也很重要，這樣一來，孩子才能逐漸熟悉這些名字，不然這麼多陌生的人物和地點，會讓他們的腦子亂成一團漿糊。

時時刻刻檢視孩子吸收的狀況，才能真正轉化知識

本書的目的就是提供一個基礎的歷史大綱，以便將來孩子持續充實這些歷史知識，因此必須讓他們把「歷史時間樓梯」牢牢記住。孩子必須像背誦「九九乘法表」一樣，經常記憶，直到能夠詳細說出與每個日期相關聯的事件。這樣做的目的，是為了讓孩子能夠對古今世界歷史有一個大致的印象，並可以說出重要的歷史日期和事件。在講述過程中，不需要別人的提示和詢問，孩子也不會猶豫、不會犯錯。這個要求聽起來是不是有點高呢？如果按照本書的建議，把不同的事件按

照因果關係聯繫起來，經常溫習這些事件和其中的歷史人物，這個要求就沒有聽起來那麼困難了。美國卡爾維特學校的上百名孩子，每年都按照這樣的要求施行，並且成功完成了任務。

不過，老師通常認為：「就算孩子把這些內容全都忘記了，腦海裡總會留下一些有價值的印象。」這其實是在為自己浮光掠影式的教學和孩子不求甚解的學習中，作出辯解。要記住，歷史年代和其他抽象的內容固然很難，但是透過努力學習、克服困難、學會牢牢記住它們，而不是在背誦之後就忘光光。只有這樣，歷史學習才能和其他學科一樣，成為「智力訓練」。

孩子很容易就能記住故事的情節，但是「時間、地點、人物和原因」才是更重要、更需要他們嚴謹學習的部分。孩子不應該說：「從前有個人……」而應該說：「一二一五年，約翰國王在倫尼米德……因為……」因此，這本書不是輔助讀物，而是基礎的歷史教材。書中對於歷史事件的敘述與分量不多不少，把握得恰到好處，這些敘述為歷史框架注入了血肉，變得更加生動、形象。但是，這本書的理念是要做到內容盡量精簡而不是繁多，所以最終從一千多頁的篇幅縮減至不到一半，但是留下來的內容絕不是只有乾巴巴的骨架。

不管這本書以怎樣的面目呈現，最關鍵的，是孩子必須完成自己的任務，讓大腦動起來，學會這些知識。為了達到這個目的，應該在孩子閱讀之後，要求他們複述每個故事，並且反覆向他們提問其中的人名、時間和內容，從而保證他們能夠記下，並吸收了所聽到的內容。

很久以前，有個大學剛畢業的年輕小夥子，他來學校教他的第一堂歷史課。他富有熱情、又說又唱，還把地圖畫在黑板上、地板上、操場上；為了舉例說明某些歷史要點，他還畫圖、用課桌跳馬，甚至倒立。學生被這樣的講課方式徹底迷住了，都瞪著雙眼、豎起耳朵、張著嘴巴聽課。他們一點都沒有分心，帶著強烈的求知慾從老師滔滔不絕的話語中汲取知識。一個月過去了，和藹可親的校長建議這個年輕老師進行一次測驗，看看孩子學得怎麼樣了。他很有把握的給出了考題。

測驗只有三個問題：

一、說說你對哥倫布的了解。

二、說說你對詹姆斯城（Jamestown，位於美國維吉尼亞半島的詹姆斯市縣，被認為是英國的第一個海外殖民地）的了解。

三、說說你對普利茅斯（Plymouth，位於英國英格蘭西南區域德豐郡，有豐富的航海歷史，也曾是英國皇家海軍的造船基地）的了解。

以下是其中一個孩子的回答，你可不要以為這個孩子沒有認真聽課，事實上，他對這位年輕老師的歷史課一直很感興趣，學得很認真。

他的回答是：

一、他是一個衛大（他把「偉大」寫錯了）的人。

二、他是一個衛大的人。

三、他也是一個衛大的人。

用孩子的語言述說歷史故事後，還是要時時刻刻的檢視孩子的學習狀況，才是知識真正的轉化啊！

歷史時間樓梯

下頁的圖，就是「歷史時間樓梯」。

歷史的階梯從這幅圖的底部更遙遠、更遙遠的過去開始，一直向上、向上、向上，直到我們現在的位置。 每一個台階是一百年，每一層階梯是一千年。這個樓梯可以不斷的往上升，直到高空。

讓我們站在現在的位置，回顧下面的樓層，傾聽那些發生在漫長歲月中的故事。

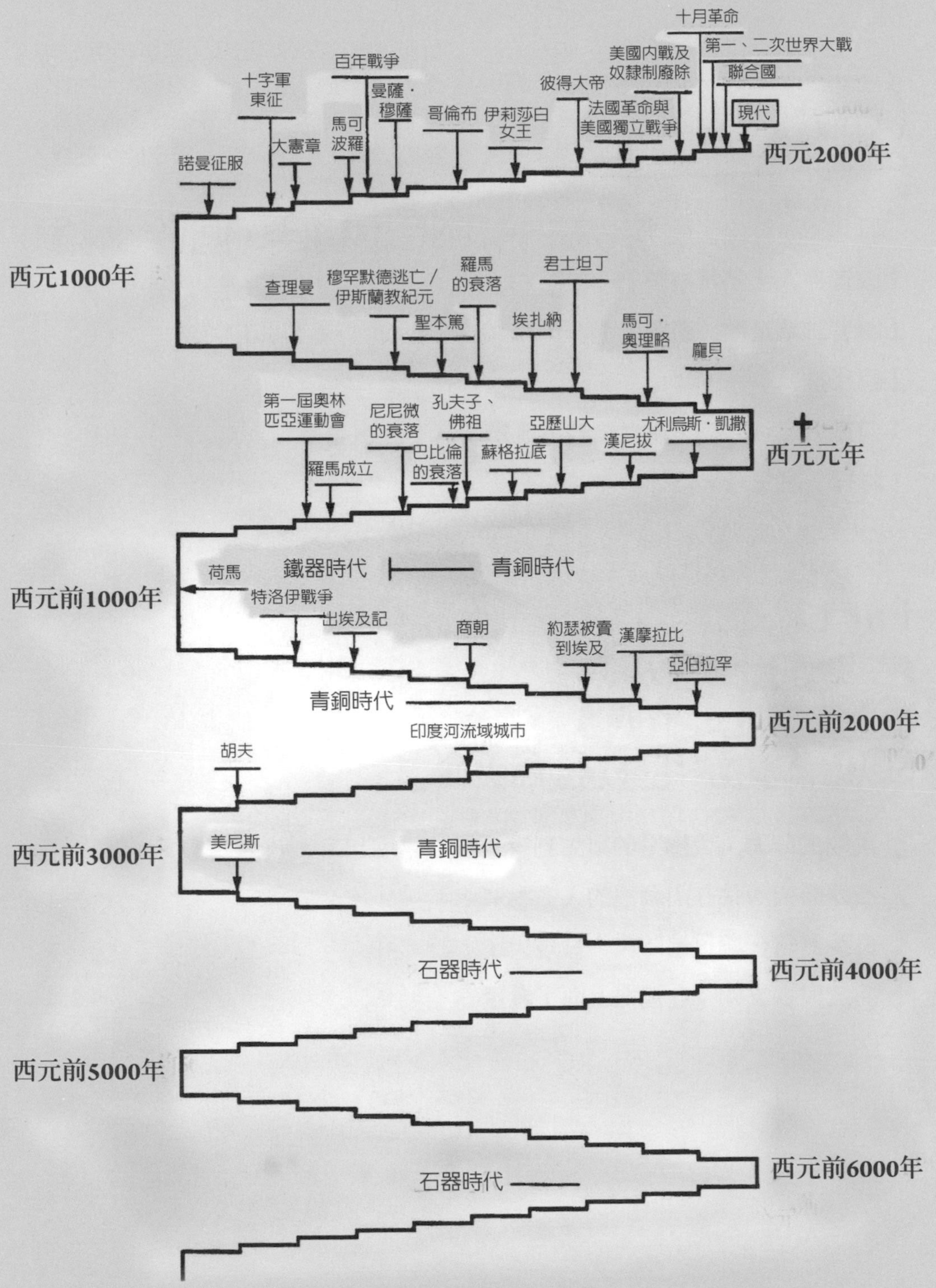

十月革命
第一、二次世界大戰
美國內戰及
奴隸制廢除
聯合國
百年戰爭
彼得大帝
法國革命與
美國獨立戰爭
現代
十字軍
東征
曼薩·
穆薩
馬可
波羅
哥倫布
伊莉莎白
女王
大憲章
諾曼征服
西元2000年
西元1000年
羅馬
的衰落
君士坦丁
查理曼
穆罕默德逃亡／
伊斯蘭教紀元
聖本篤
埃扎納
馬可·
奧理略
龐貝
第一屆奧林
匹亞運動會
尼尼微
的衰落
孔夫子、
佛祖
亞歷山大
尤利烏斯·凱撒
漢尼拔
羅馬成立
巴比倫
的衰落
蘇格拉底
西元元年
荷馬
鐵器時代
青銅時代
西元前1000年
特洛伊戰爭
出埃及記
商朝
約瑟被賣
到埃及
漢摩拉比
亞伯拉罕
青銅時代
西元前2000年
印度河流域城市
胡夫
西元前3000年
美尼斯
青銅時代
石器時代
西元前4000年
西元前5000年
西元前6000年
石器時代

CONTENT

Part1

遠古時代
300萬年前～西元前2001年

Part2

神的世代

西元前3000年～西元前1000年

Part3

智慧的世代

西元前1000年～西元前500年

Part4

戰爭時代

西元前500年～西元前100年

PART1 遠古時代

300萬年前～西元前2001年

生命的起源

很久很久以前，沒有男人、女人、孩子，全世界什麼人也沒有，也沒有房子、鄉村、城市，沒有人造的一切事物，也沒有動物、植物，地球上一切空蕩蕩的，只有光禿禿的岩石，還有海洋，你能想像這樣的世界嗎？

後來，生物出現了，一種小到只能在顯微鏡下才能看見的植物；後來，動物出現了，就跟最初的植物一樣，只能在顯微鏡下觀察；到後來，昆蟲、魚類、兩棲類出現了，最後，動物爬上了陸地，然後人類站立了起來，這就是萬物的起源。

萬物的起源

太陽系的誕生到靈長類動物崛起

你有想過嗎？假如世界上沒有男人、女人、小孩，也沒有動物與植物，
只有岩石、海洋，什麼東西都沒有，這會是個什麼樣的世界呢？
但是，在很久很久以前，地球就是一個這樣的地方，
那麼，我們又是怎麼出現的呢？讓我們跟著校長爺爺，
一起聽聽看地球的故事吧！

從前有個小男孩，
就像我一樣。

他早晨七點鐘以前必須待在床上，直到全家人準備起床才能起來。

我也是這樣的。

可是，他總是在七點前就醒了，於是他常常躺在那裡，想著各式各樣古怪的問題。

我也是這樣的。

他總是好奇這樣一件事：

如果這個世界上——

沒有爸爸媽媽，

沒有叔叔阿姨，

沒有堂兄弟姊妹，也沒有其他小朋友，

沒有任何人，除了他自己！

那麼，世界會是什麼樣子呢？

你可能也想過同樣的問題，

我也是這樣的。

他想啊、想啊……最後，他想到那樣的世界該是多麼的可怕啊，突然害怕得不得了，就會一頭衝進父母的臥室、跳上床、依偎在他們身邊，只想趕快把這個嚇人的想法從腦袋裡趕走。

我也是這樣做的——其實，我就是那個小男孩。

是的，在很久、很久以前，那時候沒有男人、女人和孩子，全世界什麼人都沒有。當然，也沒有房子，因為沒有人修建和居住，沒有鄉村和城市，沒有人類建造的一切。那時候只有動物——乳齒象和恐龍、鳥和蝴蝶、青蛙和蛇、海龜和魚。你能想像這樣的世界嗎？

可是，比這更早、更早、更早、更早、更早、更早以前，曾經有一個時期，地球上沒有人，沒有動物，也沒有植物，到處都是光禿禿的岩石和漫無邊際的洪水。你還能想像這樣的世界嗎？

很久很久以前，世界上完全沒有生物，只有岩石與水，接著小小的植物在水中出現、動物也在水中出現，最後，慢慢的演化到我們現在所看見的樣子（選自歐洲版畫，繪於一八八〇年）。

可是，比這還更早、更早、更早、更早、更早、更早——你可以一直更早、更早、更早的說下去，說上一整天，說到明天，說到下個星期、下個月、哪怕說到下一年也說不完——在那個時候，地球根本不存在！

沒有地球！只有星辰和上帝，是祂創造了這些星辰。

真正的星星並不像我們在旗幟上看見的五角星，也不像掛在聖誕樹上面那些亮晶晶的小東西。天空中真正的星星並沒有五個角，它們都是巨大、燃燒著的星球——火球。每個星球都非常大，比地球上的任何東西都還要大。

一個小小的星球，就比地球要大，大過整個地球。

在這樣眾多的星球之中，有一個就是太陽——是的，我們頭頂上的太陽。如果我們離其他星球很近的話，它們看起來也會和太陽一樣。在很久、很久以前，太陽並不像今天看到的那樣，是天空中一個又大又圓的白色火球。那時候，它更像你在國慶日看到的煙火，不斷旋轉著、火星四濺。

太陽飛濺到遠處的許多火花中，其中一個就像壁爐裡劈啪燃燒的木柴所爆出來的火星一樣，冷卻下來。

這個冷卻的火花就是⋯⋯

你想會是什麼呢？

試著猜猜看⋯⋯

它就是我們的地球。千真萬確，就是我們現在居住的這個地球。

然而，我們最初的世界，或者說地球，只不過是一個「石球」。這個石球被濃霧一般的水蒸氣包裹著。

後來，蒸汽變成了雨，整個世界都開始下雨。

一直下，

一直下，

一直下……

直到雨水把地球上所有的空洞都填滿，形成巨大的水塘。這些水塘就是海洋，乾燥的地方則是光禿禿的岩石。

後來，最初的生物出現了。非常微小的植物，小到只有在顯微鏡下才能看到它們。一開始，它們只在水裡生長，慢慢的岸邊也有了，最後它們長到了岩石上面。

再後來，泥土，也就是人們通常說的土壤，覆蓋了岩石，並把岩石變成了陸地，植物就在陸地上大面積生長、蔓延開來。

再後來，非常非常微小的動物在水裡產生了。它們只有那麼一點點，就像最初的植物，只有在顯微鏡下才能看得到。

再後來，水裡開始出現大一點的動物，像是：水母、蛤蜊、鱟。

再後來，昆蟲出現了，牠們有些生活在水裡，有些生活在水面上，有些生活在陸地上——就像蟑螂——還有些生活在空中。

在人類出現之前，恐龍曾經生活在地球上。

再後來，只能生活在水裡的魚兒出現了。

再後來，出現了青蛙這樣的兩棲動物，牠們既可以生活在水裡，也可以生活在陸地上。

再後來，出現了爬行動物，比如：蛇、海龜、蜥蜴和大恐龍。

再後來，產卵的鳥兒出現了，還有哺乳動物也出現了，比如：狐狸、猴子，還有牛。牠們生下小寶寶後會餵奶給寶寶吃。

到最後，你猜什麼出現了？

是的，人類——男人、女人和孩子出現了。

這幅「宇宙日曆」，呈現出人類在宇宙中出現、演化的過程（英國藝術家克里斯．佛斯所繪）。

下面就是萬物先後出現的階梯，看看你能記得住嗎：

星球，

太陽，

火花，

地球，

水蒸氣，

雨，

海洋，

植物，

動物，

水母，

昆蟲，

魚，

兩棲動物，

爬蟲類動物，

鳥類，

哺乳動物，

人類。我們在這裡！

你們猜猜接下來會發生什麼事呢？

校長爺爺小叮嚀

1. 星星不像旗幟上的五角星，而是巨大的、燃燒著的星球。
2. 地球其實是一顆石球，最初被濃霧一般的水蒸氣包裹著，後來水蒸氣變成了雨，雨填滿了地球上的所有空洞，就變成了海洋。
3. 不論是植物或是動物，一開始都是從水中產生，才漸漸演化到生活在陸地上。

石器時代
住在山洞裡的人

> 假如你是一個石器時代的小孩，
> 每天早上起床後，你不需要洗澡、刷牙、洗臉。
> 因為沒有碗盤，所以也不需要幫忙洗碗。
> 每天都可以跟兄弟姊妹一起玩捉迷藏，也沒有功課需要做。

猜猜看，我怎麼知道這些發生在遠古的事情？

其實，我並不知道，我只是猜測而已。

但是，猜測也有很多種，如果我伸出兩隻拳頭，要你猜哪隻手握有硬幣，這是一種猜測。你要麼猜對要麼猜錯，一切全看運氣。

還有另一種猜測，比如下雪的時候，我看見雪地上有鞋印，我就會猜剛才一定有人經過，因為鞋子是不會自己走路的。這種猜測就不是碰運氣，而是靠常識。

因此，雖然我們沒有生活在過去的時空、沒有親身經歷過那時的一切，卻仍然可以猜測到許許多多發生在古代的事情。

地球上的許多地方，人們都曾向地下挖掘，在那裡發現了一些東西，猜猜看，是什麼東西呢？

我相信你一定猜不到。

其實，是發現了很多弓箭、矛和斧頭。

奇怪的是，這些東西都不是用鐵或鋼做的，而是用石頭做成的。我們可以斷定，只有人類才能製造和使用這些物品，鳥兒、魚兒或者其他動物，是不會用斧頭和矛的。我們還可以認定，這些人一定生活在鐵和鋼出現之前，更為久遠的時期，這些東西會掩埋在地底下那麼深的地方，一定是經過了漫長的歲月才被挖掘出來。後來，我們發現了這些人的骨頭，他們在幾百萬年前就死去了，那時候還沒有人開始寫歷史呢！**最古老的人類骨頭是在東非發現的**。我們了解到，遠古時期的人們也要勞動、玩耍、吃飯和打仗，就和我們現在所做的一樣（特別是打仗）。

在這段史前時期，人們使用的工具都是用石頭製成的，因此這段時期被稱為「石器時代」。

石器時代的人們生活十分艱難，我們現在所擁有的東西，他們幾乎都沒有。

有些野生動物也會建造房子。狐狸會挖洞，海狸能用樹枝和泥土做窩，但是**原始人卻不會修造房屋，他們只能尋找一些天然的藏身之所。他們往往在岩石和山腰的洞穴中躲避嚴寒、暴風雨和野獸。所以，這個時期的男人、女人還有孩子，被稱為「穴居人」**。

白天時，他們要去打獵，還要提防和躲避兇猛的野獸。通常，他們會先挖個陷阱，然後在上面蓋上灌木樹枝，等野獸掉進陷阱中便捉住牠們。有時候，他們也會用棍子、石塊打死野獸，或者用石箭和石斧殺死牠們。穴居人還在洞穴的牆壁上畫下或者刻下這些野獸的樣子，有些圖畫甚至保留到現在。

穴居人靠著吃漿果、堅果和種子為生，也會去偷鳥窩裡的鳥蛋。當時還沒有火可以煮熟食物，他們只好生吃鳥蛋。他們也喜歡喝溫熱的獸血，就和你喜歡喝牛奶一樣。

他們會發出咕嚕咕嚕的聲音，或者說一些非常簡單的字詞和他人

左圖／約西元前四○○○年的斧頭，發現於法國。
右圖／遠古時期，於法國地區所發現的不同地區的箭頭。

交流。那時候根本沒有布，所以他們用獸皮做衣服。

這些原始人大部分的時間都在覓食和躲避猛獸，不然就會成為野獸的食物。

他們沒有大象那樣，有可以保護自己的厚皮，也沒長著像熊一樣，可以保暖的體毛，還不能像鹿一樣，在逃命時跑得飛快，更沒有如同獅子一般的尖牙利爪和強壯的肌肉。由於生活條件惡劣，大部分的人都早早就死掉了，活到成年可以算是奇蹟。

但是，石器時代的人們有兩樣東西，比動物的利爪、強壯的肌肉和厚實的皮膚更有用，那就是比動物更具智慧的大腦和更靈巧的雙手。

他們會用大腦思考，能想到很多的好辦法。

他們想到了如何利用工具，同時可以用自己的雙手製造工具。沒有尖牙，人們可以用矛；沒有可以保暖的厚厚毛皮，人們就用動物的皮毛代替。

假如你是一個石器時代的孩子，我猜你會喜歡這樣的生活：每天早上醒來後，你不用洗澡，甚至不用洗手洗臉，也不用刷牙、梳頭髮。

你用手抓東西來吃，因為沒有刀叉、勺子、杯子和碟子，只有一個碗。這個碗是媽媽用泥土捏出來的，並在烈日下晒乾後，用來裝水喝。沒有需要洗刷和收拾起來的盤子、沒有桌子，當然吃東西時，更不用講究餐桌禮儀。

沒有書、沒有紙，也沒有筆。

沒有星期六和星期天，也沒有一月、二月的分別。除了天氣有晴

北美印第安人製作燧石武器（選自美國考古學家布萊斯提德著作《追蹤古文明的腳印》）。

有陰、有暖有冷的不同之外，每天都一樣。

那時候也沒有學校。

除了玩泥巴、摘果子、和兄弟姊妹玩捉迷藏，每天都無事可做。我想你會非常喜歡這種生活！

「太棒了！多好的生活，就像在野外露營！」你會這樣想嗎？

可是，我剛才告訴你的，只是故事的一部分而已。

另一部分是：洞穴裡面又濕又冷，還很黑暗，所謂的床就是光禿禿的地面或是草堆，也許還會有蝙蝠和大蜘蛛跟你共用那個山洞。

如果爸爸捕殺了幾頭野獸，你可能會有獸皮穿，但這一點點的獸皮遮不住你的全身。再加上沒有火，到了冬天你會覺得很冷，如果嚴寒到來，你可能會被凍死。

新石器時代獵熊歸來的情景（法國畫家科爾蒙所繪）。

早餐時，你可能會吃一些乾果、草籽或是一塊生肉，午飯還是吃這些東西，晚餐照舊是這些。你絕不可能吃到麵包、乳酪或者鬆餅加果汁，你也吃不到加糖的燕麥片、蘋果派和冰淇淋。

每天都無事可做，但時時刻刻都要提防野獸，比如：熊、老虎……山洞沒有能鎖上的門，如果老虎發現了你，就算進到山洞裡也甩不掉牠。

說不定哪一天，爸爸或是哥哥早上出去打獵後，就再也沒有回來。你知道他們一定被兇猛的野獸撕成了碎片，而下一次可能就會輪到你，只是不知道會等多久而已。

你覺得，你還會喜歡生活在那個時代嗎？

校長爺爺小叮嚀

❶ 最古老的人類骨頭是在東非發現的。

❷ 石器時代的人們還沒有發現鐵與銅，因此他們的斧頭與矛，都是用石頭做的。

❸ 石器時代的人們還不會用火，因此獵到食物時，只好生吃這些食物。

青銅器時代與鐵器時代

發現火了！

原始人沒有火柴，也沒有打火機，他們到底是怎麼生火的呢？
如果你拿兩根木棍，並且快速的摩擦這兩根棍子，
接著更快的摩擦，這兩根棍子就會越來越熱，
最後燃燒起來，原始人就是這樣生火的！

最開始，往往也是最有趣的，像是：第一個寶寶、第一顆牙齒、第一次走路、第一句話、第一次跑。這本書主要講的就是關於第一次的故事，那些第二次、第三次……發生的事情，你以後總會學到的。

最初，原始人並不知道「火」是什麼。他們沒有火柴，也不知道生火的辦法。夜晚沒有光亮，也沒有火可以取暖、做飯。現在，我們也無法準確的知道，在何時何地，他們學會了生火和用火。

如果你快速的摩擦雙手，手就會變暖。試試看摩擦得再快一些，手就會發燙了。**如果你很快的摩擦兩根棍子，棍子也會變熱。摩擦得再快些，它們也會開始發燙。當你不斷飛速的摩擦兩根棍子，它們會變得越來越燙。如果摩擦得更快一些，持續的時間長一些，到最後，棍子就會燃燒起來了。**

印第安人和童子軍就懂得透過轉動、摩擦兩根棍子來生火。

生火是早期的發明之一。在當時，這項發明對原始人來說，如同

澳大利亞原住民鑽木取火的情景（選自美國考古學家布萊斯提德的著作《追蹤古文明的腳印》）。

我們這個時代發明了電燈一樣意義重大。

石器時代的人們從來不理髮，也不刮鬍子，他們可能也沒想過要這樣做。就算想也沒有用，因為沒有適當的工具。他們也沒有布料做成的衣服可以穿。那時，既沒有布，也沒有工具可以剪裁、縫紉。同樣沒有鋸木板的鋸子，也沒有錘子和釘子能把木板做成房子和傢俱。沒有叉子和湯匙、沒有壺和鍋、沒有桶和罐子，沒有頂針和縫紉用的針。

生活在石器時代的人們，從沒見過也沒聽過諸如：鐵、鋼、錫、黃銅這些金屬，更別提用這些金屬製成的東西了。就這樣過了千萬年，他們的生活裡面完全沒有金屬製品。

突然有一天，有個人偶然發現了一個狀況，我們還是把這件事叫做「發明」吧！

那天，他在生火，這對我們來說是普通到不能再普通的事情了，對原始人來說卻很奇妙。他用一圈石頭把火堆圍了起來，類似於現在的篝火爐子。碰巧的是，那些岩石並不是普通的石頭，而是我們現在所說的「礦石」，裡面含有「銅」。火的高溫熔化了岩石裡面的銅，讓它流到地面上。

石器時代的人發現了「銅」。

那一滴一滴、亮閃閃的小珠子是什麼？

他左瞧瞧，右看看。

多漂亮啊！

於是，他又把同樣的岩石放入火中加熱，得到了更多的銅。

這就是最早被發現的金屬。

一開始，因為銅看上去亮晶晶的，很漂亮，所以人們把它做成小珠子和各種裝飾物。

很快，他們發現銅可以被錘煉成鋒利的刀刃和箭頭，這比他們以前用石頭做的箭頭尖銳多了。

要注意哦，最先被發現的金屬不是鐵，而是銅。錫大概也是在類似情況下被發現的。之後，他們發現將錫和銅混合鍛造出的金屬比兩種金屬本身更硬、更好。這種錫和銅的合金，現在我們叫做「青銅」。大約有兩、三千年的時間，人們都用青銅製造工具和武器，用來打獵和作戰，我們稱這個時代為「青銅器時代」。

後來，又有人發現了鐵，人們很快就發現用鐵來製造東西比用黃

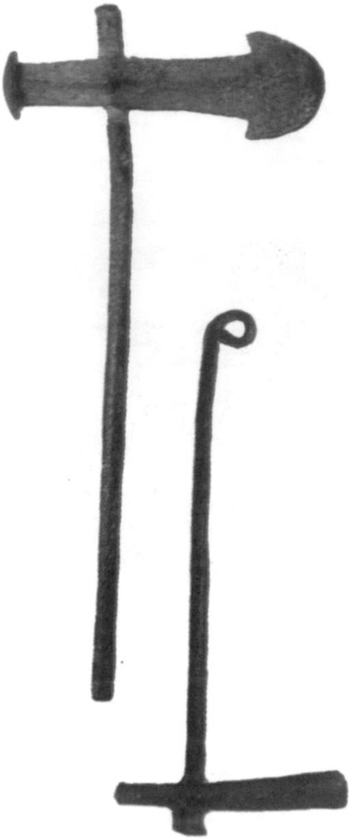

銅斧，發現於法國莫爾比昂省勒法烏埃和阿摩爾濱海省特雷維（西元前二〇〇〇年）。

銅和青銅都好。這就是「鐵器時代」，它持續了三千多年。

發現金屬之後，青銅器時代和鐵器時代的人們能做的事情，比以前用石器能做的事情要多更多了。

你可能在神話或童話故事裡聽到過「黃金時代」，但它的涵義和我所講的石器時代、青銅器時代大不相同。**所謂的黃金時代，指的是某段時期一切事物都非常美好，人們都很聰明善良。**歷史上曾有過這樣的時期，人們就稱其為黃金時代。

不過我認為，歷史上從來沒有出現過真正的黃金時代，也就是人們使用的工具和物品都是用黃金做成的，這恐怕只存在於童話故事裡吧。

校長爺爺小叮嚀

1. 如果你快速的摩擦兩根木棍，它們會變得越來越燙，最後燃燒起來，這就是鑽木取火。
2. 最先被發現的金屬是銅，而不是鐵。
3. 錫與銅的合金，就是現在所稱的「青銅」。

河流與古文明

從飛機上向下看世界

如果我們搭飛機，從天空中往下看早期文明人居住過的地方，
我們會看見幾條河流、海洋和一些海灣。
其中一條重要的河流是「底格里斯河」，另一條是「幼發拉底河」，
這兩條河流孕育出來的古文明就是——兩河流域文明。

許多古文明都沿著河流發展，在中東地區，有兩條非常重要的河流，也就是「底格里斯河」與「幼發拉底河」。這兩條河流匯流入波斯灣，孕育了重要的兩河流域文明。另一邊，北非的尼羅河也孕育了埃及文明。這些古文明並不是單單在一個地方發展，而是不斷的遷移、交流，融合了各地的生活方式。

在青銅器時代和鐵器時代，人們認為地球是平的，他們對它的了解僅限於生活的那一點點地方而已。他們認為，如果一直向遠方走，就會走到地球的盡頭，然後你就會

掉

下

去

！

如果我們搭乘飛機，從天空中往向下看早期的文明人曾居住過的地方，會看見幾條河流、海洋和一個海灣。從高空中俯視，它們看上去是這樣的：你可能從未聽說過這些河流和海洋，但是它們比世界上任何地方的歷史都要悠久。其中一條河是「底格里斯河」，另一條是「幼發拉底河」。它們流啊流啊，越流越接近，直到最後交匯在一起，流進了「波斯灣」。

你可以在家裡的院子或花園的地面上做出這兩條河。如果媽媽允許的話，你也可以把它們畫在你家的地板上。你還可以把喝水的茶杯叫做「底格里斯」，把玻璃杯叫做「幼發拉底」。既然這兩個杯子裡的水最後都要流進你的嘴巴，你的嘴巴就是「波斯灣」。

慢慢的，你會聽到越來越多的新名詞，既然大人都幫自己的房子、車子、馬和狗取名字，為什麼你不能幫自己的東西取名字呢？舉例來說，你可以把你的床、桌子、椅子、梳子和牙刷，甚至是你的帽子和鞋子，都叫這些奇怪的名字。

如果我們搭飛機向西邊飛，在非洲東北角可以看到一個叫做「埃及」的國家、一條叫做「尼羅河」的河流，和一片海洋（現在叫做地中海）。地中海的涵義就是字面上的意思：陸地中的海洋，因為它被陸地環繞。其實，它更像是一個大湖。在很久以前的石器時代，地中海所在的位置根本沒有水，而是一個山谷，人們曾經在那裡居住、生活。

現在的埃及在尼羅河沿岸，而位在底格里斯河和幼發拉底河邊的國家是古代的巴比倫、亞述帝國和敘利亞，這些地方的人們以文字和圖畫記錄了他們的生活，這些記載一直流傳至今。

當然，也有一些穴居人和其他原始人把他們的生活方式畫了下來。但是在那個時候，旅行是一件很困難的事情，人們很難了解其他地方的人怎麼過日子。不過，這一點很快就會發生變化。

生活在底格里斯河、幼發拉底河以及尼羅河沿岸的部落很多，他們都想占有最好的土地，這就導致了部落間的戰爭。人們總是不斷的遷徙——因為打了敗仗，不得不遷徙或是想尋找更好的居住地。

接近地中海、底格里斯河和幼發拉底河，我們今天稱之為中東的位置住著「閃米特人」。現在的阿拉伯人和猶太人都是閃米特人的後裔，他們說的語言都屬於同一個語系，所以發音很相近。例如：表示「和平」的詞語，在希伯來語中是「shalom」（沙拉姆），而在阿拉伯語中則是「salaam」（瑟拉姆）。是不是很像呢？

尼羅河沿岸還住著另外一個部落。在埃及和北非的其他地方，埃及人、柏柏爾人跟中東的閃米特人屬於同一族群，而來自非洲，埃及南部的努比亞人則屬於「尼祿一撒哈拉族」。看看地圖，你就能夠明白這個名稱是怎麼來的：因為他們居住在尼羅河沿岸，臨近撒哈拉沙漠。這些努比亞人

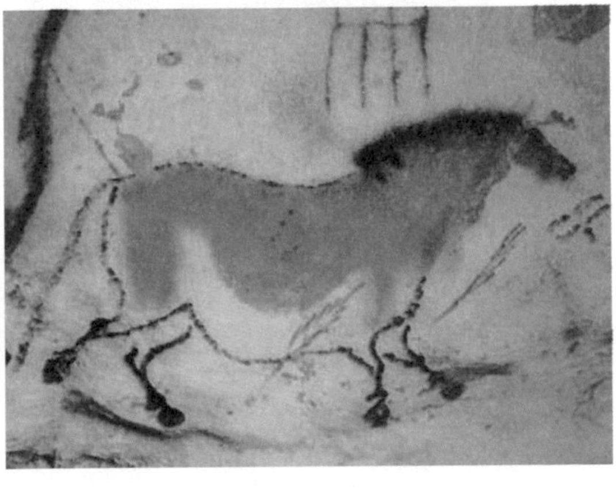

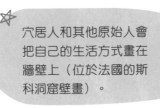

穴居人和其他原始人會把自己的生活方式畫在牆壁上（位於法國的斯科洞窟壁畫）。

沿著尼羅河峽谷向北遷移，進入埃及。有時候，埃及人也向南遷移到努比亞。

另一個部落來自現在叫做伊朗的地區，他們被稱為「阿利安人」。阿利安人四處遷徙，向東進入到印度北部，向西到了歐洲。現在的歐洲人、伊朗人和印度人，都是古代阿利安人的後代。跟閃米特人一樣，這些人的語言也有著千絲萬縷的聯繫。

我們現在知道，這些古代人頻繁的四處遷徙，這一點大大超出了我們的意料。他們教導對方種植不同的作物，也相互交換東西，有時候也會在一片新的土地上安頓下來，長期居住。就像現在的美利堅合眾國（美國），有很多不同民族的人遷移到這裡，成為美國人，古代人也一樣，他們四處遷徙，並在新的土地上定居。

！校長爺爺小叮嚀

1. 石器時代，地中海根本沒有水，而是一個山谷。
2. 現在的阿拉伯人與猶太人都是閃米特人，他們說的語言都屬於同一個語系。
3. 阿利安人曾經居住在伊朗地區，後來遷徙到印度北部、歐洲地區，因此伊朗人、印度人、歐洲人都是古代阿利安人的後代。

動動腦，想想看！

看了這麼多有趣的遠古時代故事，讓我們看看你知不知道這些問題的答案吧！

Q1 最古老的人類遺骸，是在地球上的哪個地方發現的呢？

Q2 最早被發現的金屬，是哪種呢？

Q3 伊朗人、印度人、歐洲人都是古代哪一個人種的後裔呢？

檢查看看，你答對了嗎？

A1 東非。

A2 銅。

A3 阿利安人。

這些問題你都答對了嗎？

答對了，請繼續跟著校長爺爺，一起探索神的世代吧！

答錯了別灰心，翻回前面，跟校長爺爺搭上時光機，看看世界的故事！

神的世代

西元前3000年～西元前1000年

神話與歷史的結合

在很久很久以前，那些古代人發生的故事，我們到底是怎麼知道的呢？在文字發明之前，我們只能從考古學家挖掘出來的物品來判斷、推測，直到文字被發明後，「歷史」才真正的被記錄下來。但是，雖然已經有文字記載，但古代人的紀錄大多都參雜著神話幻想，我們又該如何知道這些事情到底是真是假呢？

真正的歷史從這裡開始

文字記錄下來的世界

> 很久很久以前，
> 你的爺爺、曾祖父、曾曾祖父、曾曾曾祖父做過什麼樣的事情呢？
> 或許，你的爺爺、奶奶、爸爸、媽媽曾經告訴過你這些古老的故事。
> 但是，在更早更早以前，就連爺爺、奶奶、爸爸、媽媽都不知道的故事，
> 我們到底是怎麼知道的呢？

你肯定記得自己生活中發生過的大事，可能也聽爺爺奶奶或者爸爸媽媽說起他們以前遭遇過的那些事情，比如第二次世界大戰、韓戰、越戰。

和你一樣，你的爺爺奶奶也有父母和祖父母，還有曾祖父母。

有可能，你的

曾

曾

曾

祖父母

生活在華盛頓總統的時代，而他們的

曾

曾

曾

曾

曾祖父母

生活在凱撒大帝的那個時代。

雖然這些祖先很早就離開了人世，但很久很久以前發生在他們那個時代的故事卻被記載成書，這些故事就是歷史。

耶穌生於西元元年，當然，這並不是指地球上的第一個年頭。

你知道從西元元年到現在已經過去了多少年嗎？

如果你知道今年是西元哪一年，你就清楚答案了。

如果耶穌一直活到現在，他該有多少歲了呢？

兩千多年似乎很長，不過也許你見過或聽說過吧，有些人活了一百多歲呢！

假如，兩千年中有這二十個人，他們每個人都活了一百歲，而且是一個接著一個——從西元元年開始，二十個人依次活到現在——這樣一想，你就不會覺得兩千多年有多久遠了。

耶穌誕生之前的所有時間都被標記為 BC（西元前）。你能猜到這是什麼意思嗎？這裡的 B 和 C 是兩個單詞的首字母，B 是 before（在……之前），C 是指 Christ（耶穌）。所以，這兩個字母就是 Before Christ 的縮寫，代表「耶穌誕生之前」，很簡單吧。

耶穌誕生後的時間被標記為 AD（西元）。這個就不容易理解了，因為 A 可以是指 After（以後的），但 D 卻不是 Christ 的縮寫。

事實上，AD 是兩個拉丁語單詞「Anno Domini」的縮寫，「Anno」的意思是「在這一年」，「Domini」意思是「耶穌的」，兩個單詞聯起來的意思就是「從耶穌誕生這一年開始」。

我曾告訴過你，有段時期的事情，我只能靠猜測，那些事情發生的時期被稱為「有歷史之前」，或「史前」，這兩個稱呼的意義相同。

而那些被人們記錄下來的事情——這些事情是用不著猜測的——則稱為「歷史」。

多數人認為可信的歷史最早是從北非和中東開始的。

幾千年前就有人開始寫下他們的故事。有趣的是，在世界上不同區域、不同時期，遠隔千山萬水的早期文明人，都發明了自己的文字。中東地區的古代人發明了「楔形文字」，而古埃及人則使用「象形文字」。幾個世紀之前，印度的人們開始用梵文記錄歷史，而遙遠的中國、努比亞和中美洲人也發明了自己的文字。同樣，位於埃及和希臘之間的地中海上有一個克里特島，那裡的人也有自己的文字。

這些幾千年前傳下來的文字紀錄，雖然我們今天能夠讀懂其中一些，但還有一些是難解之謎。即使看到那些文字，我們也不知道它們是什麼意思。

想想這些早期文明，你認為我們對哪些了解得最多呢？是那些文字能夠被我們讀懂的地方，還是那些不能讀懂的？好，我打賭你們都猜對了！當然是我們可以讀懂他們歷史故事的那些文明了。

這些地方有四個，它們分別是埃及、美索不達米亞、印度和中國。我們能讀懂他們的文字，所以能知道這些地方的人怎樣度過了如此漫長的歲月。而對於努比亞、中美洲和克里特的文字我們就不在行了，因此，這些地方在很久以前發生的事情，我們所知不多。

最令人感興趣的是，在那些我們能讀得懂的歷史裡面，我們究竟

一封用楔形文字寫的短信，上面寫著：「你親愛的妻子生了小孩。」

讀到了什麼。我們知道這四個文明古國都發源於河谷。

埃及是沿著尼羅河河谷建立的，而美索不達米亞發源於底格里斯河和幼發拉底河的河谷沿岸。這些河流，你已經從前面的內容中知道了。

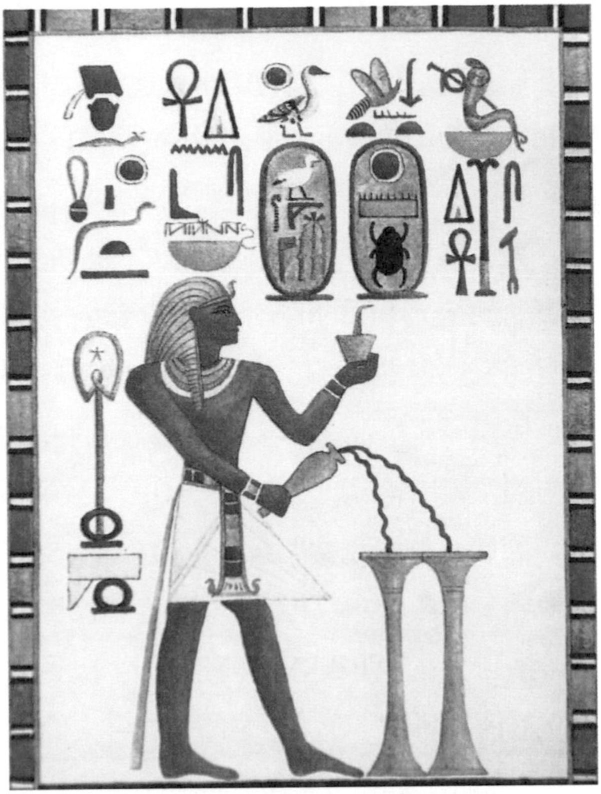

刻有象形文字的埃及圖畫。

現在，我們來認識一下兩條新的河流：古印度起源於印度河流域，而中國則是在黃河流域。之所以叫做黃河，是因為這條河流下面堆積著大量的黃色泥沙。

雖然這些古文明相隔很遠，生活在不同地方的人們卻做了很多同樣的事情。你不必感到奇怪，因為這就像說，雖然你從未去過非洲、印度、中國，你也能猜到那裡的孩子和你一樣喜歡玩遊戲，他們的媽媽負責做飯。就連在古代，世界上的人們也會做很多同樣的事情。

河谷是住人的好地方，這裡的食物通常都很充足，動物有水喝，也適合植物生長。所以，在埃及、美索不達米亞、印度和中國，男人、女人和孩子都沿河而居。

很快，這些地方居住的人越來越多、越來越密集，就漸漸形成了我們所說的城鎮。後來，城鎮裡的人開始建造小船，接著是大船。很快這些船隻就沿著河流航行過來，或者開往河的上游，或者開往下游，一直到臨近的城鎮，再到很遠很遠的城鎮。於是，城鎮之間開始了貿易往來，有時它們之間也會發生戰爭。

避免發生戰爭的一個好辦法，就是讓這些城鎮處於統治者的領導之下。於是，不同的地方都成立了政府。有時，各個城鎮都同意統一，而有時它們也會聯合起來抵制強大的侵略者。不論在何種情況下，都會有一個國王、皇帝或法老王作為政府的首腦，這些人也就是我們現在所說的國家統治者。

回顧這些河流文明，你會發現這一小段歷史確實相當不同凡響。當地球上很多地方的人都還在打獵和採集，甚至有的人還住在洞穴裡的時候，首先在埃及和美索不達米亞，接下來在印度和中國，人們的生活已經揭開了新的、令人振奮的一頁。人們在那裡居住、耕種，接著建造城鎮、彼此通商，後來形成國家。在這個過程中，他們發現將事件記錄下來很重要，於是開始寫下自己的歷史，我們今天才能夠讀到。

！校長爺爺小叮嚀

1. 耶穌誕生的那一年，也就是西元元年，但並不是指地球的第一個年頭。
2. 耶穌誕生之前的時間都被標註為「BC（西元前）」，耶穌誕生之後的時間都被標註為「AD（西元）」。
3. 河流旁通常都是古文明的發源地，因為河谷的食物通常很充足、動物有水喝，也適合植物生長。

2

古埃及（1）

埃及人的謎題

年代：西元前3100年左右

神祕的木乃伊與金字塔、帶著金面具的法老王、
看起來像是圖畫的文字……這些東西，你曾經聽過嗎？
在埃及這個地方，曾經有一個偉大的王國——古埃及。
他們擁有自己的文字系統，有非常先進的建築技術，
還有神祕的木乃伊保存技術，讓我們一起跟著校長爺爺，
看看古埃及到底發生過什麼事吧！

埃及是早期使用文字的地區之一。那時，他們的文字不是像現在使用的英文字母，而是看起來像圖畫一樣的符號，比如一頭獅子、一杆矛、一隻鳥、一條鞭子。這種圖畫似的文字，我們稱作「象形文字」。也許你以前在報紙的猜謎版面上看到過，有一些用圖畫寫成的故事，讓你看著圖來猜它的意思。是的，象形文字就和這個差不多。

下頁有個用象形文字寫成的埃及女王名字。只看這個好玩的字，你永遠猜不出她的名字。她的名字叫哈特謝普蘇特，你能讀出來嗎？其實它並沒有看起來那麼難讀。「哈特—謝普—蘇特」，你分開讀就容易多了。她是歷史上第一位女王。

通常，國王或王后的名字周邊會畫一圈線。你看，哈特謝普蘇特這個名字外面就有，這是為了讓這名字看起來更加醒目和重要，以區別

用象形文字寫出埃及女王哈特謝普蘇特的名字，就會長這樣。

於其他人的名字。這就和我們現在裱畫，讓它掛在牆上顯得更漂亮一樣。

那時還沒有紙，埃及人把字寫在一種植物的莖稈上，這種植物叫「紙莎草」，生長在水中。他們不斷按壓紙莎草厚厚的莖稈，直到它們變得像紙一樣又平又薄。紙這個詞就是從紙莎草這種植物的名字借用過來的。你發現了嗎？紙莎草（Papyrus）和紙（Paper）的外形和發音都很像。

當然了，埃及人的書都是手寫的，但他們沒有鉛筆和鋼筆，也沒有墨水。他們把蘆葦從下面劈開做成筆，將水和煙灰和在一起當墨水用。他們的書也不是像我們這樣一頁一頁的，而是用長長的紙莎草片粘在一起做成的。他們把這種草片製成的書捲成一個卷軸的樣子，就像一卷壁紙那樣，鋪開就可以讀了。

有關他們國王的故事，或戰爭之類的重大事件，他們一般會寫在建築物的牆上和紀念碑上。這裡說的寫，其實就是刻在石頭上，這樣比寫在紙莎草上保存得更長久。

那些會寫、會讀象形文字的古埃及人早已離開人世，很長一段時間裡，沒有人懂這種文字的意思，不過，後來又有人碰巧知道怎樣閱讀和理解象形文字。我們來看看他是如何知道的吧！

尼羅河在匯入地中海之前有許多支流，其中一條支流的入海口有一個叫做羅塞塔的海港。有一天，一些士兵在羅塞塔附近挖出了一塊石頭，看起來像塊墓碑，上面刻有三種不同的文字。最上面的文字是圖

古埃及人收割紙莎草和牧養牲畜的情形（埃及第五王朝薩卡拉墓地的陪葬石碑）。

羅塞塔石碑。石碑上用三種文字刻著西元前一九六年，孟菲斯祭司向法老王授予特殊榮譽的法令。最上方是象形文字，中間是用於日常書寫文件和合同的俗體文字，最下方為希臘文字。

畫，也就是我們所說的象形文字，但是沒人明白它的意思。

象形文字下面是希臘文，它寫的內容應該和象形文字一樣，而大多數人都懂希臘文，因此，大家要做的就是比較這兩種文字來理解象形文字的意思。就好像我們先了解暗號代表什麼意思，再去讀祕密信件一樣。你可能玩過雜誌後面的解謎遊戲，其實解開象形文字的意思也是個有趣的謎題，只是沒人公布答案罷了。

不過，這個謎題並不像聽起來那麼簡單，為了解開它，那個聰明人花了將近二十年的時間。對猜謎的任何人來說，這段時間都超級長的，是吧？但是，自從找到解謎的鑰匙，人們就可以讀懂埃及的象形文字，就能知道多年以前究竟發生過什麼事了。

那塊石頭被稱為羅塞塔石碑，現在陳列在倫敦的大英博物館裡。它非常著名，全靠它，我們才能了解到更多久遠以前的歷史。

我們知道埃及是個適合生活的好地方，這主要是因為尼羅河的習慣——你可能會覺得這是個壞習慣——它每年都會氾濫一次。

進入雨季開始，雨就不停的下，最終將尼羅河填滿、河水溢出堤岸，水和泥流到陸地好遠的地方，但是並不會淹沒土地太深。

第一位埃及法老王——美尼斯。

古埃及人知道河水什麼時候氾濫。他們發明了日曆來摸索它的規律。當大水退去後，整個河谷都會留下一層肥沃、潮濕的黑色泥土。這種黑土是天然的肥料，就像你家花園裡面用的那些混合肥料。這種肥沃的土壤很適合種植棗樹、小麥和其他好吃的東西。

我們都知道古代埃及的統治者叫做法老王，第一位埃及法老王是美尼斯。他來自埃及南部，並征服了北方。他統一國家後，宣稱自己是神。埃及人覺得應該服從他，因為他既是王，又是神。美尼斯生活在大約西元前三一〇〇年。

古埃及的人被畫分為不同的等級。這種身分是世襲的，父母屬於哪個等級，孩子也會屬於哪個等級，很少有人能改變身分、提高等級。

等級最高的是僧侶，他們可不是現在教堂裡面的教士或牧師，那時根本沒有教堂。這些僧侶負責制定宗教教義和行為規範，而且每個人都得遵從，就像現在人們都要遵守法律。

僧侶身兼多重身分，他們還是醫生、律師和工程師等等，是教育程度最高的等級，只有他們會閱讀和書寫象形文字。我想你大概猜得到，學會象形文字可不是件容易的事。

僧侶下面就是士兵，他們也是上層等級。在僧侶和士兵之下都是下等階級——農民、牧羊人、店主、商人、手工業者，最下等的是豬倌（養豬人）。

古埃及人並不像我們一樣信仰上帝。他們信奉的是多神教，有好幾千百個男神和女神。他們相信萬物皆有靈，認為每種事物都有特定的神明來掌管和主宰，比如農場有農神、家庭有家神等等。其中，有些神是善的，有些神是惡的，但是埃及人對祂們的祈禱和供奉都相同。

歐西里斯是眾神之首，祂的妻子叫伊西絲。歐西里斯是掌管農業和死亡的神，而祂們的兒子荷魯斯則有鷹隼的頭。

埃及有許多神的形象都是人身獸

伊西絲是歐西里斯的妻子，被視為埃及的聖母。

歐西里斯坐在寶座上。手中拿著象徵王權的鉤子、連枷以及節杖，綠色皮膚象徵著植被和豐收。

頭，他們認為這些動物都是神聖的。比如，狗和貓是神聖的；朱鷺，一種樣子像鸛的鳥，是神聖的；還有一種叫聖甲蟲的昆蟲，也是神聖的。如果有人殺死了神聖的動物，就會被處死，因為古埃及人認為，殺死神聖生物比殺死人的罪過更大。

聖甲蟲被認為是具有最強和最有效保護作用的護身符（聖甲蟲掛飾，大約為埃及第十九王朝時期的作品）。

校長爺爺小叮嚀

1. 埃及是最早使用文字的地區之一，他們的文字就像圖畫一樣，也被稱為「象形文字」。
2. 古埃及時期並沒有現在所使用的紙張，因此他們會把字寫在紙莎草莖稈壓制的「紙」上。
3. 古埃及人相信萬物都有靈，他們不像基督教、天主教信奉單一神祇，而是多神信仰。

古埃及（2）

建造墳墓的人

年代：西元前3000年～西元前2900年

古埃及人相信，人死後靈魂會在身體旁邊逗留，
直到審判日的那天，靈魂會重新回到身體裡面復活。
因此，為了讓身體不會腐爛、復活時有方便的生活，
埃及人就製造了木乃伊、建造了金字塔。
但是，這些木乃伊真的會復活嗎？一起跟著校長爺爺，
看看古埃及的奇妙故事吧！

埃及人相信，人死後靈魂仍然在身體旁逗留。因此，一旦有人死去，他們就把他生前所用的東西，包括吃的喝的、傢俱碗碟、玩具等等，全都一起放入墳墓中。他們認為，在審判日那一天，靈魂會重新回到身體裡，所以希望屍體不要腐爛，這樣靈魂才能有家可歸。於是，他們用一種叫做泡鹼的礦物質浸泡死者的屍體，並把屍體一圈圈的包裹起來，就像纏繃帶一樣。用這種方法處理過的屍體叫做「木乃伊」，而且至今幾千年過去了，人們仍然可以看到這些埃及的木乃伊。不過，現在它們大多都不在最初被埋葬的墳墓中了，它們被擺放在博物館，我們現在得去那裡才能看到。儘管它們已經發黃變乾，可是看起來仍然像是皮包骨的小老頭。

剛開始時，只有法老王和上等階級的重要人物才被做成木乃伊，

木乃伊的全身，被亞麻繃帶以非常複雜的方式包裹，以達到防腐的效果。

漸漸的，各個等級的人都被做成木乃伊了，也許只有最低等級的人除外吧。那些神聖的動物，從甲蟲到母牛，也都被製成了木乃伊。

最初，在埃及人死後，他的朋友會在屍體上壘起一堆石頭，把它掩蓋起來，以免屍體被偷走或被食屍動物吃掉。可是，法老王和富人想要用比普通人更大的石頭堆來蓋住屍體。為了確保這一點，法老王就在生前開始動工。每個法老王都想把自己的石堆造得比別人的大，到了最後，石堆變得像石頭山一樣，就成了金字塔。因此，**金字塔就是法老王的墳墓，它們在法老王活著的時候就開始修建，為死後的埋葬做準備。**

事實上，比起活著時給自己造房子，法老王更熱衷於為自己死後的屍體築墳墓。所以，法老王不造宮殿，卻修建金字塔。尼羅河沿岸有很多這樣的金字塔，我們認為，它們當中的大多數修建於西元前三〇〇〇年後。

在非洲尼羅河南邊的努比亞，也就是現在稱作蘇丹的那個地方，國王也為自己建造金字塔。這也不奇怪，因為埃及人和努比亞人有很多相同的信仰。

現在我們建造房屋的時候，都是使用絞車、起重機來搬運、吊起巨石和大樑。但是古埃及人沒有這些機器，他們用大石頭來建金字塔

古埃及人也會將貓製作成木乃伊（收藏於倫敦大英博物館）。

時，不得不靠許多人一起推拉，才能把這些大石頭拖個幾百里，再抬到需要的地方。三座最大的金字塔都靠近開羅（現在埃及的首都），其中最大的叫做大金字塔，是法老王胡夫建造的。這是他所生活的時代：

胡夫……………………西元前二九〇〇年。

據說，共有十多萬人花了二十多年的時間，才建成了胡夫金字塔。這座金字塔是世界上最大的建築物之一，其中有的大石塊，一塊的大小就和一間房子差不多。我曾經爬到過它的頂端，感覺就像是爬陡峭的山

胡夫金字塔，是古代世界七大奇蹟中最古老及唯一尚存的建築物（義大利畫家路易吉·馬耶的《埃及風光》系列畫作）。

胡夫金字塔的頂部。

崖一樣。我還曾深入到金字塔中，走進那個像山洞一樣的房間——裡面原本應該放著胡夫的木乃伊。不過，現在那裡什麼都沒有了，只有蝙蝠在黑暗中飛來飛去，那具木乃伊已經不在那裡——也許是被偷了。

胡夫金字塔旁是一座巨大的獅身人面雕像，叫斯芬克斯。別看它如此巨大，卻是用一整塊石頭雕刻而成。斯芬克斯的頭像是按照法老王哈夫拉的樣子雕成的，他自己的金字塔蓋在胡夫金字塔附近。然而，沙漠的風沙掩蓋了雕像的爪子和大部分身體，儘管不時有人來將沙子挖走，但每當風起時，雕像很快就又被沙石蓋住了。

古埃及人還用岩石來雕刻男男女女的雕像。這些雕像通常比人們正常的樣子大許多倍，姿勢或坐或站，但都是雙腳僵硬地呆放在地上，手貼緊身體，就像有些小孩坐著等待拍照時拘謹的樣子。

他們為神靈建造的大房子叫做廟宇。這些廟宇有巨大的圓柱和大樑，普通人站在這些柱子旁邊顯得像侏儒一樣矮小。

看看下一頁的圖片，就是埃及一座廟宇的模樣。你能看出它和教

埃斯納神廟多柱廳（選自德國考古學家累普濟烏斯的著作《埃及和努比亞的古跡》）。

堂有多麼不同嗎？

他們用各式各樣的圖畫來裝飾廟宇、金字塔和放置木乃伊的棺木。不過，他們並不想讓這些畫看起來很逼真，假如他們要畫水，就只是畫一些曲線來代表波浪，並把它們漆成藍綠色。如果他們想要畫兩排人，他們就把後面一排人畫到前面一排人的上方。要表明某個人是法老王，他們就把他畫得比圖中其他人都大很多。

古埃及人喜歡在圖畫中使用鮮亮的色彩，比如大量的紅色、黃色和棕色。在他們的圖畫中，你可以看出有些人是黑皮膚，而有些人是淺棕色的皮膚。最開始，來自埃及南部的人是黑色皮膚，而靠近地中海的人皮膚是淺棕色。隨著時間的推移，埃及人四處遷徙，就再也不能從膚色來判斷他們來自何處了。

校長爺爺小叮嚀

1. 古埃及人相信，人死後靈魂會在身體旁逗留，並在審判日重新回到身體裡，因此製作木乃伊保存肉體。
2. 埃及最大的金字塔，是由法老王胡夫所建造的，也稱為胡夫金字塔。
3. 胡夫金字塔旁有一座巨大的獅身人面雕像，也就是古埃及的神祇——斯芬克斯。

兩河流域文明（1）

沒有錢的富裕之地

年代：西元前2300年～西元前1770年

你知道伊甸園在哪裡嗎？
很久很久以前，人們認為伊甸園就在中東的兩河流域間，
底格里斯河和幼發拉底河帶來了大量的泥沙，
就像尼羅河帶給埃及的那樣，讓土壤變得非常肥沃，
種出了許多被稱為生命原料的小麥，讓這個地方的人都擁有相當富裕的生活。
或許，這樣的生活就是當時的人認為，伊甸園應該有的樣子吧！

你一定在童話故事裡讀到過這樣的地方：那裡的樹上結著蛋糕和糖果，只要是你想得到的吃的或玩的東西，伸手就可以在樹上摘到。聽起來很神奇吧？很久、很久以前，人們真的相信有這樣一個地方，你猜他們說的是哪裡呢？就是在底格里斯河和幼發拉底河的附近；還記得吧，前面有提過這兩條名字很奇怪的河流。他們把這個地方叫伊甸園。我們無法確切知道它在哪裡，因為現在沒有一個地方像傳說中的伊甸園那樣奇妙。

埃及是尼羅河流域的一塊陸地，兩河流域則分出許多塊陸地，分別擁有不同的名字。

想像一下自己坐在飛機上，俯瞰這兩條河流，河流之間的那塊地方叫做美索不達米亞。這個名字是由兩個希臘單詞「河流」和「在……

之間」組成的，意思就是「在河流之間」。

看，底格里斯河上游的那塊土地，叫亞述。

看，兩條河流交匯處附近有一塊陸地，叫巴比倫。

看，兩條河流匯入波斯灣的地方，叫迦勒底。

再看，那裡是亞拉拉特山，據傳它是大洪水過後，諾亞方舟停靠的地方。

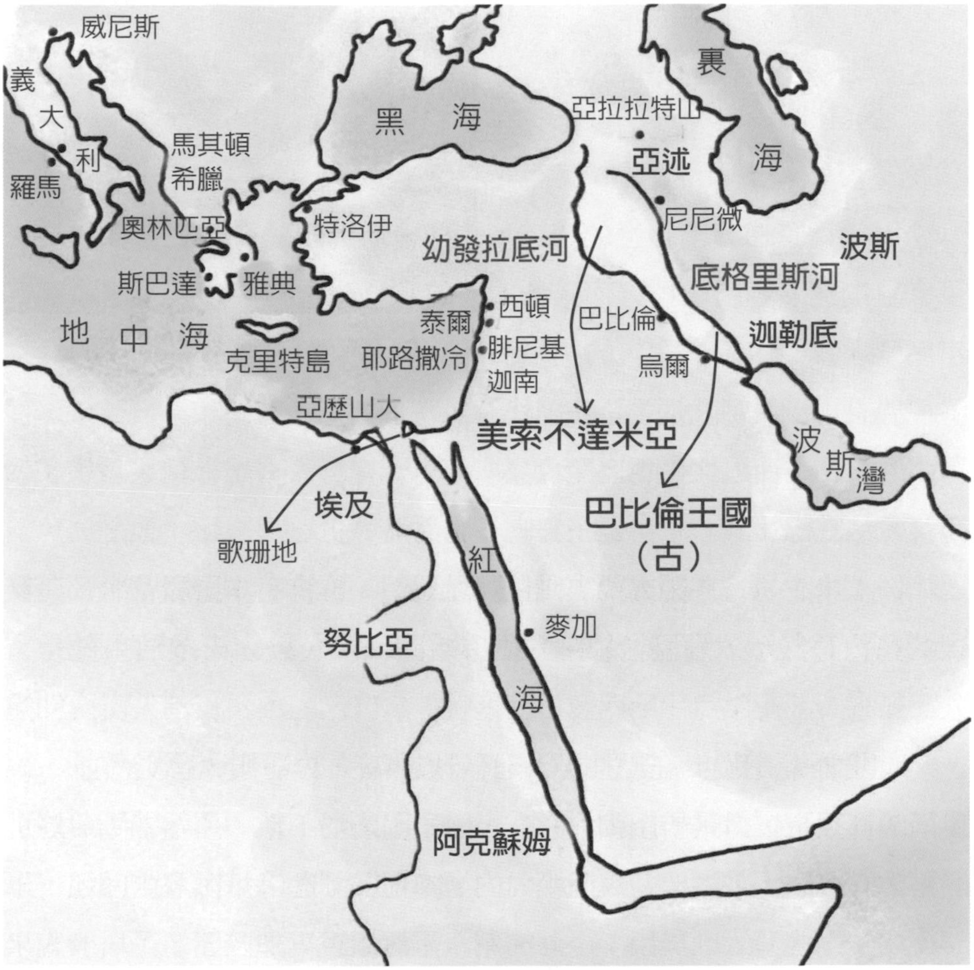

古時候的地中海世界。

這可是一大堆新名字。我認識一個小朋友，他有好多玩具車。他發現自己坐過的汽車都有名字，於是就給自己的玩具車也起了名字。他把它們叫做：

亞述

巴比倫

迦勒底

美索不達米亞

亞拉拉特

幼發拉底

巴比倫是個非常富庶的國家，底格里斯河和幼發拉底河為它帶來了大量的泥沙，就像尼羅河帶給埃及的那樣，這些泥沙使土壤變得非常肥沃。我們用來做麵包的小麥被稱為生命原料，是最有營養的食物了。據說小麥最初就是生長在巴比倫。在那裡，大棗是和小麥幾乎一樣重要的食物，而巴比倫也盛產大棗。你可能覺得大棗是和糖果差不多的零食，但在巴比倫，它可是主食呢！兩河流域也盛產魚類，但是捕魚對巴比倫人來說只是休閒娛樂，由此可見他們的食物有多麼豐富。那時候人們都沒有錢，只有豬、綿羊、山羊這些家畜，養家畜多的人就是富人。如果有人想要買什麼或賣什麼，就得拿自己的東西和別人交換。

你可能聽說過，在巴比倫，有一座很高大的塔叫「巴別塔」。說是塔，其實它更像是一座山。當然，除了巴別塔，他們還建造了一些別的塔。有人說，他們建造這些高大的塔，是為了在爆發洪水的時候可以爬得高一些。有人則提出了不同的看法。他們說，那些建造高塔的人來自遙遠的北方，北方多山，他們總是把祭壇放在山頂上，可以更接近天堂。當他們遷往美索不達米亞和巴比倫這樣的平原地帶後，發現這裡沒有山，於是他們便建造了像山那樣高的塔，來放置祭壇。為了到達塔頂，他們沒有在裡面修建梯子，而是在外面修了一條歪歪斜斜的路。這條路蜿蜒而上，像一條彎彎曲曲的山路。

巴比倫城鳥瞰圖，左邊中間位置為巴別塔。

和埃及不同，巴比倫的城裡和附近都沒什麼石頭，所以巴比倫人用磚來蓋房子。這些磚是把泥土做成塊狀，接著在太陽底下晒乾製成的。隨著時間的流逝，這樣的磚頭就會碎裂，重新變成塵土。如果你捏過泥巴，就會看到這樣的情況。正因為這個原因，巴比倫的塔和其他一些建築如今只剩下了一堆堆土山。

古埃及人是用紙莎草寫字或者把歷史刻在石頭上，而巴比倫人既沒有紙莎草也沒有石頭。他們只有磚，所以就把字寫在磚上。怎麼寫的呢？他們在磚還沒被晒乾的時候，用樹枝的尖端在軟泥上刻下許多符號，這種符號叫做「楔形文字」。這個名稱的由來，是因為這些字看起來像是楔形符號的組合，就像印在泥土上的雞爪印。我見過有一些男孩寫的字，看起來就更像楔形文字而不太像英文字母。

巴比倫人日夜照看他們的家畜時，他們注意到了天空中太陽、月亮和其他星星的變化。所以，他們對天體了解得越來越多。

你在白天看到過月亮嗎？

哦，沒錯，你能看到。

是的，**每隔幾年就有這麼一次，月亮在天空中運動，正好運行到太陽前面，擋住了太陽光——就像你拿一個盤子放到電燈前面，盤子擋住了燈光那樣**。那個時候可能是上午十點鐘， 陽光正燦爛的時候，忽然太陽被月亮擋住了，一下子白天變成了黑夜，群星閃耀，小雞以為天黑，就進窩裡睡覺了。可是片刻之後，月亮通過了那裡，陽光又再一次照耀大地。**這種現象叫做「日蝕」**。

現在為止，你可能還沒見過日蝕，但是總有一天你會見到的。如果見到日蝕，我希望你不要像一些無知的人那樣，認為可怕的事情要發生了，世界末日要降臨了。他們會這樣認為，是因為從來沒見過這種奇觀，不知道這是一種定期發生的自然現象，並沒有什麼危害。

大約在西元前二三〇〇年，巴比倫人就預言了日蝕的發生。他們看到月亮在天空中移動，推算出再過多久它就會走到太陽那裡，並擋住它。這樣你知道古巴比倫人對天體有多了解了吧！我們把那些研究星象和其他天體的人們叫做天文學家，這樣來說，巴比倫人都是著名的天文學家。他們崇拜太陽、月亮、星星這些奇妙的天體，對它們非常熟悉。

楔形文字就像印在泥土上的雞爪印。

巴比倫人觀測日蝕。

巴比倫第一任國王是薩爾貢一世，他大約生活在埃及人建造金字塔的那個時代，我們對他的了解也就僅此而已。

西元前一七七〇年左右，巴比倫有一位國王因為他頒布的法典而遠近馳名，他的名字叫漢摩拉比。我們現在還能看到他制定的《漢摩拉比法典》，當然，我們已經不必遵從了。法典是用楔形文字刻在石頭上的，這塊石頭被保存至今。你以前沒聽過像薩爾貢和漢摩拉比這樣奇怪的名字吧，但他們可是真正管理人民的國王。名字雖然奇怪，卻是這兩位國王的真名呢！

巴比倫第一任國王——薩爾貢一世。

漢摩拉比法典（局部）是用
楔形文字刻在磚塊上。

校長爺爺小叮嚀

1. 底格里斯河與幼發拉底河之間就叫做「美索不達米亞」，也就是「在河流之間」的意思。
2. 據說，小麥最初就是生長在巴比侖，巴比倫也生產大棗。
3. 巴比倫人沒有紙莎草也沒有石頭，因此他們用樹枝在還沒晒乾的軟泥上寫字，晒乾後磚塊就會有文字留存下來。

兩河流域文明（2）

尋覓家園的猶太人

年代：西元前1900年～西元前1300年

你知道，以色列正是流離失所二〇〇〇年的猶太人所建立的國家。
但是，猶太人到底從哪裡來，
又為什麼會失去他們的家園而在外流浪這麼多年呢？
又為什麼，他們會想用「以色列」當作自己的國家名稱呢？

巴比倫有個王國叫迦勒底，那兒有個叫烏爾的小地方。大約在西元前一九〇〇年，在烏爾住著一個人，名叫亞伯拉罕，他出生在一個大家族中。雖然那時還沒有使用錢幣，但他家卻很富有，因為家裡有一大群羊，在那個時代可是一大筆財富呢！和我們一樣，他只信奉一個神靈。而他的鄰居巴比倫人則信奉多神教和太陽、月亮、星星這些天體。因為信仰不同，亞伯拉罕不喜歡巴比倫人，巴比倫人也不認同他，覺得他的想法非常古怪，甚至瘋狂。所以，西元前一九〇〇年左右，亞伯拉罕帶著一大家子人，還有牲口和羊群，搬到了很遠的地方。那裡靠近地中海，叫做迦南。

亞伯拉罕活了很多年，族人很多。他有個孫子叫雅各，雅各還有一個名字更有名，叫做「以色列」。雅各有個兒子叫約瑟。你也許記得《聖經》裡寫的：

約瑟穿著色彩鮮豔的衣服。他是雅各最喜歡的兒子，因為這樣，

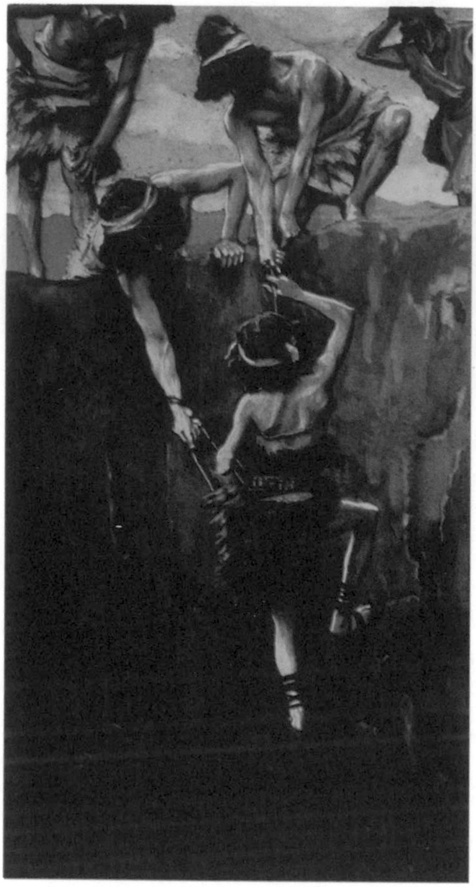

約瑟被哥哥丟進枯井裡（法國畫家提梭所繪）。

他招來了其他幾個兄弟的嫉恨。

不管是孩子還是狗狗都會嫉妒那些比他們更討人喜歡的同類，所以約瑟的兄弟先是把他扔到了枯井裡，後來又把他賣給過路的埃及人當奴隸，然後他們對父親雅各說，約瑟被野獸吃掉了。埃及人把約瑟帶到了遠方的埃及，那裡離迦南十分遙遠。

我在前面說過，埃及的等級制度十分嚴格，想要從下等階級升到上等階級非常難，然而，約瑟太出類拔萃了，他從奴隸升為了埃及的宰相。

在約瑟執政期間，迦南發生了饑荒，食物都吃完了，而埃及卻儲備了充足的糧食，所以，約瑟那些壞心眼的兄弟南下到埃及來求救。那時，他們認為約瑟可能早就死了，壓根沒想到他會升遷到如此顯要的位置，而且正好統治著他們前去乞討的地方。你能想像嗎？當他們發現高高在上的宰相，居然就是他們計畫殺害並賣為奴隸的兄弟時，他們是何等的驚訝和羞愧啊！

約瑟的彩衣（英國畫家布朗所繪）。

如果約瑟想要報復他的兄弟，完全可以讓他們餓死，或把他們關進監獄，也可以分文不給，把他們趕回迦南去，不過，他並沒有這樣做。相反的，他不但給了他們非常多的食物，還送給他們很多貴重的禮物，然後讓他們回去，把家裡所有人都帶到埃及來。他還許諾給他們一塊叫「歌珊地」的領土，那裡沒有饑荒，可以過上好日子。他們照做了，大約在西元前一七〇〇年，以色列和他的子孫來到了埃及，在歌珊地安頓下來。因為都是以色列的子孫，所以他們被稱為以色列人。以色列人也就是我們現在所說的猶太人。

約瑟（他也是以色列人）死後，埃及的法老王不喜歡這些外族人，待他們很差，從那以後，埃及人就經常欺負猶太人。雖然猶太人祖祖輩輩在埃及生活了大約四百年，卻一直被埃及人敵視和奴役。

約瑟的兄弟向約瑟求助（義大利畫家彭托莫所繪）。

從猶太人到埃及算起，大約過了四百多年，也就是在西元前一三〇〇年左右，拉姆西斯大帝當上了埃及的法老王。

猶太人人口的增長速度讓拉姆西斯大帝感到恐懼，最終，他下令殺死所有的猶太男孩。

他認為這樣就可以控制住猶太人。可是，有個猶太小男孩卻獲救了，他叫摩西，後來成了猶太人的偉大領袖。埃及信仰多神教，又很仇視猶太人，所以摩西決心帶著他的族人離開這個國家。最終，他實現了這個願望，大約在西元前一三〇〇年，摩西率領族人離開埃及，穿越紅海，到達對岸。這件事在《聖經》裡很有名，叫做「出埃及記」。

猶太人離開埃及後，先在西奈山下落腳，這時摩西一個人登上了山頂，在那裡聆聽上帝給他和他的人民的啟示。他在山頂上祈禱了四十天，然後，他帶著上帝授予的十條誡命下了山，這十條誡命就是你曾在主日學校學過的「十誡」（註 1）。然而，摩西在山頂上待太久，回到山下見到他的族人時，發現他們跟埃及人一樣，也在敬奉一頭金牛。這是因為他們在埃及住得太久了，也慢慢覺得信仰多神教是對的。

摩西非常憤怒，他想，應該要消除埃及人對他們的負面影響了。

註1：即《聖經》上記載的，上帝藉由摩西向以色列民族頒佈的十條規定。

法老王迫害以色列人，讓他們在工地上做最苦最累的工作（英國畫家波因特所繪）。

左／摩西在西奈山上（法國畫家傑奎斯·德萊廷所繪）。

右／法老的女兒在河邊洗澡時，發現了被藏在箱子中的摩西，公主被這個惹人喜愛的小生命打動了，決定收養他（英國畫家古多爾所繪）。

撒母耳把橄欖油潑到掃羅頭上。

他最終成功的使他們回歸了對上帝的信仰，並讓「十誡」成為他們生活的規範。所以，摩西被稱為猶太教的立法者和第一任導師。摩西死前，猶太人四處漂泊了很多年；摩西死後，猶太人的新領袖約書亞帶領他們回到了迦南。

當時，猶太人沒有國王，他們服從士師的管理。

士師不像國王，他們沒有宮殿和侍從，也沒有精美的袍子和貴重的珠寶，他們的生活非常簡單，跟普通人沒有區別。但是，猶太人認為還是要像周圍其他國家那樣，有個國王會更好。

後來，有個名叫撒母耳的士師說，他們應該有個國王，之後掃羅被選中成為國王，於是，撒母耳就把橄欖油潑到掃羅頭上。我們可能會覺得這樣做很奇怪，但對他們來說，這是成為國王的標誌，相當於給他戴上了王冠。就這樣，撒母耳成了猶太人最後一個士師，而掃羅是第一任猶太國王。

在那時，別的民族都和埃及人、迦勒底人一樣，信奉多神教；只

有猶太人信仰一個上帝，遵守上帝授予的誡命。他們有一本聖書，裡面寫著這些誡命，並記載他們早期的歷史。這本書就是《舊約》，現在已經是《聖經》的一部分。《舊約》的很多故事在《古蘭經》裡面也有，《古蘭經》是穆斯林的聖書。

這就是傳播《舊約》和「十誡」的猶太人的故事，下面是他們漂泊的歷程：

西元前一九〇〇年——從烏爾到迦南；

西元前一七〇〇年——從迦南到埃及；

西元前一三〇〇年——從埃及重返迦南。

你看，他們最終還是在迦南安頓了下來，後來他們把那片土地當做自己的家園。

！校長爺爺小叮嚀

1. 西元前一三〇〇年，摩西率領族人離開埃及，他們穿過紅海到達對岸，也是《聖經》中有名的「出埃及記」。
2. 撒母耳是猶太人最後一位士師，掃羅則是第一任猶太國王。
3. 猶太人信仰上帝，遵守上帝授予的誡命，他們的早期歷史與誡命都記錄在《舊約》聖經中。

古希臘（1）

奧林匹斯山上的眾神

年代：西元前1300年左右

宙斯、波塞頓、阿波羅、黑帝斯……或許你對某些名字感到熟悉，
這些，都是古希臘眾神的名字。古希臘人信仰的主神共有十二位，
他們就像我們一樣，會開心、生氣、悲傷，
也會犯錯。是不是跟你印象中的神明很不一樣呢？

從前有個人叫赫楞，他有很多子孫，這些子孫稱自己為「赫楞人」。赫楞人住在地中海上一個小島的附近，他們稱這個地方為赫拉斯。有一次，我不小心打翻了墨水，墨水從瓶子裡灑出來，在桌上形成了彎彎曲曲的印跡，看起來就像地圖上的赫拉斯。儘管赫拉斯的面積還不到美國一個州大，但它的歷史可比世界上任何一個大小差不多的國家都有名多了。我們現在把赫拉斯叫做希臘，生活在那裡的人叫做希臘人。

大約在猶太人離開埃及的同時，正是人們開始用鐵器代替青銅器的時候，這個時間是在西元前一三〇〇年左右，也就在此時，人們才知道了希臘和希臘人的存在。

希臘人信仰多神教，而不像猶太人和現在的美國人，只信仰一個上帝。在神話故事裡，他們信仰的那些神靈沒有一點神明的樣子，卻更像普通人。他們為這些神建造了許多美麗的雕像，還為神靈寫了很多詩歌和故事。

他們信仰的主神有十二個——正好一打，其中六個是女神。他們認為神靈都住在奧林匹斯山上，這座山是希臘最高的山。這些神並不善良，祂們經常互相爭吵、欺騙，甚至還做更多的壞事。神靈吃的食物可比我們吃的東西要美味得多，祂們喝的是仙酒，吃的是仙果。希臘人認為吃了仙酒和仙果可以使人長生不老，所以神靈都不會死。

我來介紹一下這些神的家族吧，我想你們會很願意認識祂們。祂們大多都有兩個名字，一個是希臘神話中的名字，另一個是羅馬神話中的名字。之後的介紹也是按這個順序，前面那個名字是希臘神話中的名稱，後面是羅馬神話中的名稱。

宙斯（羅馬名字又叫「朱比特」），是眾神之父，也是所有人類的王。祂坐在寶座上，手中拿著彎彎曲曲的雷電（也叫霹靂），旁邊通常跟著一隻鷹，那是鳥中之王。

希拉（羅馬名字又叫「朱諾」），是宙斯的妻子，也是眾神的女王。祂手持權杖，經常和愛鳥孔雀在一起。

波塞頓（羅馬名字又叫「尼普頓」），是宙斯的兄弟之一，掌管大海，是海神。祂駕著一輛海馬拉的戰車，手持三叉戟。這種武器看上去就像有三個尖頭的乾草叉，只要揮動三叉戟，就能在海上掀起風暴或使風浪平息。

赫菲斯托斯（羅馬名字又叫「伏爾坎」），是火神。祂的外形是個瘸腿的鐵匠，在鐵匠鋪工作。祂的鐵匠鋪據說在一座山的山洞中，當火山噴發的時候，人們就會說是伏爾坎在裡面，火山（volcano）就是根據祂的羅馬名（Vulcan）來命名的。

阿波羅，是所有男性神靈中最英俊的一個，祂的名字在希臘神話

左圖為海神波塞頓和太陽神阿波羅（帕德嫩神廟東側內殿中楣細部）。

下圖為太陽神阿波羅的塑像（根據西元前四世紀末希臘雕塑所複製的塑像）。

和羅馬神話中都一樣。阿波羅既是太陽神，又是掌管歌曲和音樂的神。希臘人說，每天早晨阿波羅會駕著太陽戰車從東到西穿過空中，為人們帶來燦爛的陽光。

阿爾特彌斯（羅馬名字又叫「黛安娜」），是阿波羅的孿生妹妹，是月亮女神和狩獵女神。

阿瑞斯（羅馬名字又叫「馬爾斯」），是可怕的戰神，只有在戰爭發生的時候才覺得開心，所以祂多數時候都是快樂的（因為經常有戰爭發生）。

赫耳墨斯（羅馬名字又叫「墨丘利」），是眾神的信使。祂的帽子和鞋子上長著翅

智慧女神雅典娜的塑像（羅馬時期所作，根據大約西元前四五〇年的原作複製）。

膀，手中拿著一根奇妙的、帶翼的權杖。如果把這權杖放在兩個爭吵的人中間，馬上就能使他們言歸於好。有一天，赫耳墨斯看見兩條蛇在打架，就把權杖放在牠們中間，兩條蛇就像戀人擁抱一樣纏在一起，把權杖也繞在裡面了。從那以後，這兩條蛇就一直纏在權杖上。這根權杖叫做使節杖（又稱「雙蛇杖」）。

雅典娜（羅馬名字又叫「密涅瓦」），是智慧女神。祂的出生非常奇特。有一天，宙斯忽然頭疼起來，而且疼得越來越厲害，最後祂實在忍不住，就想了個奇怪的辦法。祂叫來了赫菲斯托斯，就是那個瘸腿的鐵匠，讓祂用錘子敲自己的頭。赫菲斯托斯一定覺得這是個莫名其妙的請求，但還是服從眾神之父的命令，一錘子打在宙斯頭上。結果，雅典娜穿著盔甲、全副武裝的從宙斯裂開的腦袋裡衝了出來，雅典娜出來後，宙斯的頭也不

雅典娜是從宙斯的頭腦裡誕生。

女神維納斯從愛琴海中浮水誕生，風神、花神迎送於左右。裸體的維納斯就像一粒珍珠，從貝殼中站起，升上了海面，畫面左上端有風神把春風吹向維納斯，而春神弗羅娜則在岸上迎接祂（義大利畫家波提切利所繪）。

疼了。因為雅典娜是從宙斯的大腦中誕生的，所以是智慧女神。祂在希臘建立了一個偉大的城市，用自己的名字命名為「雅典」。據說，祂守護著這座城市，就如同媽媽照顧孩子。

阿芙蘿黛蒂（羅馬名字又叫「維納斯」），是愛與美的女神，也是女神中最美麗的，就像阿波羅是男神中最英俊的。據說，祂誕生於大海的泡沫中。祂的兒子厄洛斯或叫丘比特，是一個胖胖的小男孩，身上總背著箭袋，工作就是把人們看不到的箭射在人的心上，但是被射中的人並不會死去，而是會立刻愛上某個人。所以，我們在情人節時總是用一個穿過紅心的箭表示墜入愛河的人們。

赫斯提亞（羅馬名字又叫「維斯塔」），是掌管家事和爐灶的女神，她守護著家庭。

狄蜜特（羅馬名字又叫「克瑞斯」），是主管農業的豐收女神。

以上就是奧林匹斯山眾神家族中十二個重要的成員，除此之外，還有……

黑帝斯（羅馬名字又叫「普魯托」），也是一位很重要的成員，祂是宙斯的哥哥、住在陰間，統治著冥界。

此外，還有許多不那麼重要的神以及混有一半人類血統的神，比如掌管出生、死亡、來世的「命運三女神」、體現人生所有美好事物的「美惠三女神」和九位掌管藝術的「繆斯女神」。

天空中一些行星至今仍然是用這些神的名字來命名的。朱比特（木星）是最大的行星。馬爾斯（火星）則是外表有如血一般紅的行星的名字。維納斯（金星）是一顆非常美麗的行星的名字。此外，還有墨丘利（水星）、尼普頓（海王星）、普魯托（冥王星）。

希臘人對神靈的祈禱和我們不一樣。他們不像我們那樣閉目跪拜，而是站在那裡，雙臂向前伸開。他們也不祈求神靈寬恕自己的罪過，或賜予自己幸福，而是祈求在作戰中獲勝和不受傷害。

他們在禱告的時候，總是會奉獻祭品，通常是一些牲畜、水果、蜂蜜和美酒等等，他們想用這些祭品來討好神靈，這樣神靈就會滿足他們的願望；他們把酒潑到地面，因為他們認為神靈希望他們這樣做；他們殺死牲畜，在祭壇上支起火架來燒烤。這就叫做獻祭。他們想，即便神靈不能親自吃肉喝酒，也會喜歡有人奉獻東西給祂們。直到今天，當某人把某物奉獻給另一個人的時候，我們就說他作出了犧牲。

希臘人在獻祭時，總是會尋找一些跡象，從中發現神是否對祭品滿意，是否答應他們的請求。不論是掠過頭頂的鳥群，或是劃過天邊的閃電，只要發生任何不同尋常的事情，他們都認為是有涵義的跡象、信號。

這些信號叫做預兆。一些預兆是好的，表明神靈會滿足他的要求，而有些預兆則是不好的兆頭。其實，不僅古代的希臘人如此，直到現在，有些人還相信這種預兆，例如：當你看到一輪新月在你的右肩上方，就是個好兆頭；你打碎鹽罐子，就是個壞兆頭。

離雅典不遠有座山，叫巴納塞斯山，山旁邊有座城市叫德爾斐。德爾斐城裡有一道裂縫，從裂縫裡湧出的沼氣就像是火山噴發時所釋放出來的沼氣，希臘人認為沼氣是阿波羅的呼吸。

女祭司會坐在裂縫上方一個三條腿的凳子上，呼吸到沼氣後，她

德爾斐神廟是古希臘女祭司獲得神諭的地方（拍攝者為 David Monniaux from 維基百科）。

就會變得瘋瘋癲癲、神志不清，和人們發燒昏了頭的時候差不多。當人們問她問題時，她就會說出一些稀奇古怪的話，之後再由旁邊的祭司告訴大家她說的話是什麼意思。這裡被稱為德爾斐神廟，女祭司回答人們的話就是德爾斐神諭。人們經常不遠萬里來到這裡發問，希望能從神諭中找到答案，他們認為那是阿波羅在回答他們。

希臘人在不知道該怎樣做或是想知道將來會發生什麼事情的時候，就會去德爾斐尋求神諭的啟示。他們堅信神諭告訴他們的一切。不過，神諭的答案通常都像謎語一樣，可以有多種理解。舉例來說，有個國王想要和另一個國家打仗，他去問神諭誰會贏。神諭回答：「一個偉大的王國將會滅亡。」你覺得這個神諭是什麼意思呢？像這樣的回答，你可以有兩三種理解。今天人們還會把這種晦澀、多義的語言叫做「神諭式」。

! 校長爺爺小叮嚀

1. 古希臘的信仰中，主神共有十二個，其中有六個男神、六個女神。
2. 天空中，一些行星的英文命稱就是用古希臘神祇的名字命名，例如：朱比特（木星）、馬爾斯（火星）、維納斯（金星）、墨丘利（水星）、尼普頓（海王星）、普魯托（冥王星）。
3. 古希臘人認為火山噴發的沼氣就是太陽神阿波羅的呼吸，他們透過女祭司呼吸到沼氣、神智不清時的回答獲得「神諭」。

特洛伊戰爭

希臘眾神的爭執

年代：西元前1200年～西元前700年

前面說過，古希臘人信仰的眾神，
就跟平凡人一樣有喜怒哀樂，也會有忌妒、爭執的情況。
在西元前一二〇〇年左右發生了特洛伊戰爭，古希臘人認為，
這是由於奧林匹斯山上眾神的一場競爭所引發的。
一起跟著校長爺爺，來看看到底發生了什麼事吧！

國家的歷史通常以戰爭開始，以戰爭結束。發生在希臘歷史上的第一樁大事件就是一場戰爭。這場戰爭叫特洛伊戰爭，發生在人們進入鐵器時代後不久，西元前一二〇〇年左右。可是，我們不僅無法確定戰爭的時間，連是否真的發生過這場戰爭也不能肯定。因為幾乎所有關於特洛伊戰爭的事情，都是從神話故事裡知道的。這個故事是這樣的：

有一次，奧林匹斯山上的眾神參加一場婚宴，一位沒有被邀請到的女神向桌子上扔了一個金蘋果，蘋果上面寫著幾個字：

給天下最美的女神。

扔蘋果的是爭執女神，恰如其名，祂的確引發了一場爭執。和愛慕虛榮的人類一樣，每位女神都認為自己是最美麗的，應該得到這顆蘋

為了選出最美麗的女神，奧林匹斯山上的所有女神請牧童帕里斯擔任裁判（文藝復興時期的德國畫家老盧卡斯．克拉納赫所繪）。

果。最後，祂們找了一個叫帕里斯的牧童來當裁判，決定誰才是最美的女神。

每個女神都向帕里斯表示，如果他選中自己，就會送給他一件禮物。眾神之母希拉，答應讓他成為國王；智慧女神雅典娜，許諾讓他成為智者；而愛與美的女神阿芙蘿黛蒂，保證讓這世間最美的女人成為他的妻子。

其實，帕里斯真正的身分並不是牧童，他是特洛伊國王普里阿摩斯的兒子。特洛伊城就位在希臘對面的海岸上。帕里斯還是嬰兒的時候就被丟棄到山上了，幸好被牧羊人發現，並將他帶回家、當作自己的孩子一樣撫養成人。

帕里斯對成為智者不感興趣，也不想當國王，只想娶這世界上最美的女人為妻子，於是他把蘋果給了掌管愛與美的女神阿芙蘿黛蒂。

當時，世界上最美的女人名叫海倫，她已經嫁給了墨涅拉俄斯，墨涅拉俄斯是斯巴達的國王。可是，愛與美的女神阿芙蘿黛蒂不管這

頭盔上戴羽毛的特洛伊人接受希臘人提供的一個巨大的木馬「禮物」（來自西元前七世紀，希臘陶製花瓶上的圖案）。

些，祂叫帕里斯去希臘的斯巴達城找到海倫、帶著她私奔。於是，帕里斯就去斯巴達見國王墨涅拉俄斯，國王甚至以皇室之禮熱情的招待他。雖然，帕里斯受到這樣友好的款待，還獲得了國王的信任，可是在某一天晚上，他還是把海倫偷偷帶走，回到了特洛伊。

墨涅拉俄斯和希臘人對此當然無比憤怒，他們立即準備進軍特洛伊去奪回海倫。在古代，所有的城市都有城牆圍繞，以防禦外敵。那時沒有大炮、機槍，也沒有現代戰爭中那麼多樣的致命武器，想要進入並攻陷有城牆的城市是非常困難的。特洛伊城就是這樣，希臘人打了十年的仗想要攻破它，但是十年過去了，特洛伊仍然沒有失守。

最後，希臘人想出了特別的辦法。他們製造了一個巨大的木馬，把士兵藏在木馬的肚子裡，然後把木馬放在特洛伊城牆外面，接著駕船離開，佯裝停戰。接著，希臘人安排間諜告訴特洛伊人：木馬是神的禮物，他們應該把它搬進城。不過，特洛伊祭司拉奧孔叫大家不要動那隻木馬，他懷疑這是希臘人的奸計。但是特洛伊人都不聽他的話，因為他們想要那匹木馬。要知道，當人們很想做什麼事的時候，很少能聽進別希臘人利用木馬，將士兵偷渡進到特洛伊城內（義大利畫家喬瓦尼·多梅尼科·提埃坡羅所繪）。

人的勸告。

就在那時，幾條大蛇從海裡游了出來，襲擊了拉奧孔和他的兩個兒子，纏在他們身上，直到他們窒息而死。特洛伊人認為這是來自神靈的預兆，警告他們不應該相信拉奧孔。因此，他們決定不接受他的規勸，把木馬搬進城。可是木馬那麼大，從城門根本進不去，為了把它弄進城，他們不得不拆掉一部分城牆。

當晚趁著夜色，希臘士兵鑽出木馬，打開城門，一直等候在外的希臘人立即穿過城門和城牆上的洞，一舉征服了特洛伊，並把整個城市燒得片甲不留，海倫也被丈夫接回了希臘。因為這個木馬的詭計，我們現在還有句諺語：「小心希臘人送的禮物。」意思差不多就是，提防送禮給你的敵人。

特洛伊戰爭的故事被寫成兩首很長的敘事史詩。有人認為它們是迄今為止最美的詩歌。其中一首詩叫《伊利亞德》，是用特洛伊城的名字來命名的，因為特洛伊還有個名字叫做伊利亞，這首長詩寫的就是特洛伊戰爭。**另一首詩叫《奧德賽》**，寫的是特洛伊戰爭結束後，一個希臘英雄回家路上的歷險。這個英雄名叫奧德修斯，長詩的標題就來源

特洛伊戰爭時的火光（文藝復興時期布拉班特公國畫家老彼得·布勒哲爾所繪）。

於他的名字，不過他還有個名字叫「尤利西斯」。《伊利亞德》和《奧德賽》這兩部史詩，是希臘詩人荷馬所做，據說他生活在西元前七〇〇年左右。

據說，荷馬是一位吟遊詩人。所謂吟遊詩人，就是到處流浪，唱歌曲和史詩給人們聽的詩人。他可能收集了一些古老的傳說，並據此寫成了這兩部史詩。通常，吟遊詩人唱歌的時候都用里拉琴（註2）伴奏，作為回報，聽的人會給他一些吃的，或提供睡覺的地方。

註2：古希臘的一種豎琴，有四到十一根弦，用於伴奏。

吟遊詩人荷馬正在愛奧尼亞的大路旁，一邊奏著里拉琴，一邊吟唱著歌頌特洛伊英雄的史詩，周圍聚集著入迷的聽衆（法國畫家勒盧瓦爾所繪）。

人們喜歡聽荷馬的歌，他們把這些歌記在心裡，荷馬死後，就由母親把這些歌唱給孩子聽。詩歌用希臘文記載成書並流傳至今，如果你以後學希臘文，就有機會讀到它們。如果你沒學希臘文，也可以看看中文譯本。

我剛才說了，荷馬的詩歌很可能改編自古老的傳說。而關於荷馬本人，也有很多傳說，我們分不清哪些是真的。據說他是個盲人；還有七個城市都驕傲的宣稱荷馬在他們那裡出生，你算算吧，那就得有六、七個傳說了！

校長爺爺小叮嚀

❶ 古希臘人將士兵藏在木馬裡面、佯裝停戰，當特洛伊人將木馬搬進城裡後突襲，這就是有名的「木馬屠城記」。

❷ 描述特洛伊戰爭的兩首敘事史詩《伊利亞德》與《奧德賽》被認為是迄今最美的詩歌。

❸ 古希臘知名的吟遊詩人荷馬正是《伊利亞德》與《奧德賽》的作者。

動動腦，想想看！

看了這麼多有趣的神的世代故事，讓我們看看你知不知道這些問題的答案吧！

Q1 古埃及的文字就像圖畫一樣，因此又被稱為什麼呢？

Q2 猶太人的第一任國王是誰呢？

Q3 古希臘信仰的眾神共有幾位呢？

Q4 古希臘人將士兵藏在木馬內，用計進攻特洛伊城，因此這次的戰爭被稱為？

檢查看看，你答對了嗎？

A1 象形文字。

A2 掃羅。

A3 古希臘信仰的眾神共有十二位主要神祇，六位男神、六位女神。

A4 木馬屠城記。

這些問題你都答對了嗎？
答對了，請繼續跟著校長爺爺，一起探索智慧的世代吧！
答錯了別灰心，翻回前面，跟校長爺爺搭上時光機，看看世界的故事！

智慧的世代

西元前1000年～西元前500年

智慧的起源

聊完古希臘的眾神後，我們來看看其他地方發生了什麼事情吧！這個時期，不只有希臘努力的創造歷史，遠在東方的中國與印度，也有許多有趣的事情發生了！我們所熟悉的佛教，就是在這麼早以前，由印度王子悉達多創立，他教人向善、誠實，還教他們幫助窮困和不幸的人。除了悉達多，中國也出現了一位智者——孔子，他同樣也在當地傳達自己的思想與智慧，這真是個「智慧的世代」啊！

兩河流域文明（迦南）

猶太人的王

年代：西元前1000年～西元前931年

希臘吟遊詩人荷馬吟唱著美妙詩歌前，
在中東迦南地區，也有一位喜歡歌頌的偉大國王大衛。
他是猶太人的第二位國王，他的兒子所羅門王也是我們熟悉的智者，
流傳下來許多非常有智慧的箴言與頌揚上帝的詩歌。
這兩位國王所說過的言語，為什麼會被流傳下來呢？
一起來看看這兩位國王的故事吧！

當荷馬吟唱的美妙詩歌穿過希臘大街小巷前幾個世紀，一位偉大的猶太國王也在迦南吟唱著其他的精彩詩篇。這個國王名叫大衛，他並非生來就是國王，原本只是猶太王掃羅軍隊裡面的牧童。接下來，我就來告訴你們，他是怎麼碰巧當上國王的。

還記得吧！最初，猶太人是沒有國王的，但是他們希望有個國王，最後他們選出了國王掃羅。

《聖經》裡說，大衛殺死了巨人葛利亞。我們都喜歡聽這個故事，因為小人物用計謀打敗了大塊頭惡霸。

掃羅王有個女兒，她愛上這個殺死巨人的英雄大衛，最後，他們結婚了。

掃羅去世後，大衛當了國王，他是猶太人歷史上最偉大的國王。

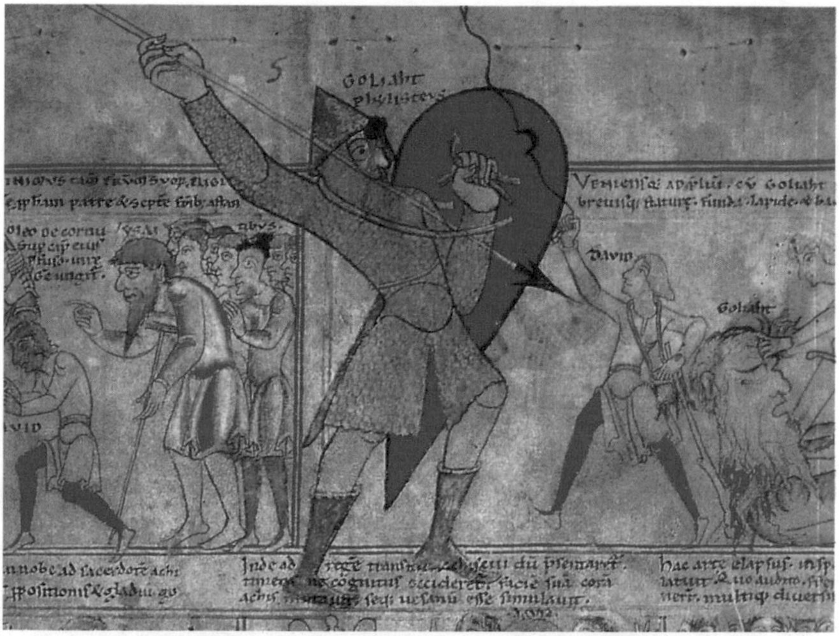

大衛對抗古民族非利士巨人葛利亞。

雖然掃羅也當過國王，但他那時還住在帳篷而不是宮殿裡，甚至連都城都沒有。

大衛最後征服了迦南一個叫耶路撒冷的城市，並把這裡作為猶太人的都城。

大衛不僅是英勇的武士和偉大的國王，他的詩也寫得非常好。盲眼詩人荷馬歌頌的是神話裡的眾神，而大衛王則頌揚他唯一的主。這些頌歌就是讚美詩，現在教堂和猶太會堂仍然要誦讀和歌唱讚美詩。

如今就算最受歡迎的歌曲，最多也就流行幾個月而已，但大衛在三千多年前寫的這些詩歌卻流傳至今！第二十三首讚美詩開篇寫道，「主就是我的牧羊人」。這首詩歌旋律最優美，讓人銘記在心。大衛把自己比作綿羊，而主則是細心的牧羊人，祂溫柔的照看羊，讓羊群生活得安全、舒適。

大衛的兒子名叫所羅門。大衛死後，所羅門就繼位成了國王。如果有個善良的仙女問你，這世界上你最想要的是什麼，你會選什麼呢？據說，在所羅門成為國王後，上帝在他夢中現身，問他最想要什麼。所羅門不想要財富和權勢，他回答說想要智慧，於是上帝說會使他成為世界上最有智慧的人。下面這個故事說明了他多麼有智慧。

有一次，兩個女人抱著一個嬰兒來找所羅門，兩人都說嬰兒是自己的親骨肉。所羅門叫人拿了一把劍過來，說：「把這個孩子砍成兩半，給她們一人一半。」其中一個女人聽完，就哭了起來，說她寧願把

為了辨別真假母親，所羅門下令把孩子劈成兩半時，孩子的生母站了出來，因為她寧願放棄自己的孩子，也不願見到孩子被活活劈成兩半。

孩子讓給另一個女人。於是，所羅門就知道了誰才是嬰兒真正的母親，下令把孩子還給她。

所羅門用香柏木、大理石、黃金和珠寶建造了一座宏偉壯觀的廟宇。香柏木珍稀名貴，是專門從鄰國運過來的，而牆壁上的黃金和上面密密鑲嵌的珠寶更是熠熠生輝。然後，他又為自己建造了一座富麗堂皇的宮殿。所羅門的廟宇和宮殿在當時非常有名，從世界各地來參觀的人絡繹不絕。《聖經》裡面說起所羅門的廟宇和宮殿有多大時，都是用「肘尺」而不是「英尺」或「公尺」來計算。一肘尺就是一個男人的手肘到中指指尖的距離，長度大約是四十五公分。

來參觀的人群中，有一位示巴女王（註3），她不遠萬里穿越阿拉伯半島，前來聆聽所羅門的箴言，參觀他建造的宮殿和廟宇。

儘管這些宮殿和廟宇在當時被認為是奢華無比，但你要記住，那畢竟是在西元前一〇〇〇年建造的，相對於現代宏偉華麗的建築而言，所羅門的宮殿和廟宇就不見得那麼出眾了。

今天，所羅門的廟宇和宮殿早已消失了，但他的妙語箴言卻被譯成多國語言，保存至今，被世界各地的人們誦讀。如果所羅門的宮殿還存在，和世界上成千上萬輝煌的建築相比，它看起來大概和孩子的娃娃屋一樣。但是，直到現在，都沒人敢說自己說的話比所羅門的箴言更有智慧。你覺得你行嗎？來試試看吧！所羅門的名言記錄在《聖經．舊約》的箴言篇中，以下是其中的幾句：

軟語息怒

惡言引火

註3：示巴，又稱沙巴，是當時的一個國家，位在阿拉伯的西南，更詳細的介紹請見《給中小學生的世界歷史【中世紀卷】》。

這是什麼意思呢？

善名勝過巨富
恩愛貴於金銀
這句話的涵義是什麼？

任他人讚美而不自誇
這又是什麼意思呢？

所羅門是猶太人最後一位偉大的國王。他死後，猶太民族開始了分分合合的過程。六百年後，猶太王國終於四分五裂。這種分裂狀態持續了兩千多年，之後，猶太人雖然遍佈世界各地，卻再也沒有過國王，沒有都城，也沒有自己的國家。最後，他們建立了一個新的國家——以色列，就位於過去被稱為迦南的那片土地上。

！校長爺爺小叮嚀

1. 猶太人歷史上最偉大的國王大衛，同時也寫下了許多流傳至今的讚美詩。
2. 所羅門的箴言被翻譯成多國語言，直到現在也沒人敢說自己說的話比所羅門的箴言更具智慧。
3. 所羅門死後，猶太民族開始了分分合合的過程，直到一九四八年重新建國為以色列。

2

腓尼基人

發明字母ABC的人

年代：西元前1500年～西元前539年

你知道嗎？英文其實不是英國人發明的，那到底是誰發明的呢？
其實，早在西元前一〇〇〇年左右，腓尼基人就發明了文字，
而逐漸在後來的年代中，演變成我們所使用的英文字母。
如果說沒有腓尼基人，或許現在的歐洲，
還在使用象形文字與楔形文字喔！

早在人們知道如何寫字之前，有一個叫卡德摩斯的木匠，某天在工作時，忽然想起有個工具忘在家裡了。於是，他撿起一塊木片，在上頭隨便寫了幾筆，把它交給奴隸，要奴隸把木片帶回家給女主人，並說妻子見到木片就知道他想要的是什麼。卡德摩斯的妻子看了那塊木片，二話不說就把工具遞給了奴隸。奴隸驚呆了，他想那木片一定是以一種神祕的方式傳遞了主人的資訊。當他拿著工具回去交給卡德摩斯的時候，請求主人把這塊非凡的木片賜給他，得到允許之後，他就把木片當作護身符掛在脖子上。

這就是希臘人所說發明字母的人。

不過我們相信，卡德摩斯只是個虛構的人物，希臘人喜歡編這類故事。字母不可能是由一個人發明的，不過，卡德摩斯是腓尼基人，而我們知道確實是腓尼基人發明了早期的字母表，為後來人們使用的字母

卡德摩斯的奴隸與木片。

表打下了基礎。

我們讀的字母表發音很簡單，就是A、B、C……但希臘人讀這些字母時，可要複雜多了。他們把A讀作alpha（阿爾法），B讀作beta（貝它），等等。所以，希臘的孩子學習字母是從alpha、beta開始的，這也就是為什麼我們把字母表叫做alphabet的原因。

你大概從沒聽說過腓尼基和腓尼基人吧？可是，如果沒有腓尼基這個國家，你今天在學校裡，可能還在學習象形文字或楔形文字呢！

到現在為止，你知道人們有過很笨拙的書寫方式。埃及人寫字就得畫圖，巴比倫人寫的字像雞爪印。腓尼基人發明的字母表有二十二個字母，我們現在應用的字母表就是由它演變而來的。

當然，我們現在不再用腓尼基人的字母表了。不過，他們的很多字母和三千年後我們用的字母樣子差不多。比如下面這幅簡表：

我們今天用的字母	腓尼基字母
A	ᗉ（他們是側著寫）
E	Ǝ（他們是反著寫）
Z	Z（跟我們完全一樣）
O	O（跟我們完全一樣）

腓尼基人是猶太人的鄰居，和猶太人一樣，他們也是閃米特人的後裔。他們的國家在猶太王國的北方，從地圖上看，它在猶太國的上方，位於地中海沿岸。

腓尼基有個偉大的國王名叫海勒姆，他和所羅門生活在同一個時代。實際上，海勒姆和所羅門是朋友，他曾派出一些最好的工匠去幫助所羅門建造耶路撒冷的神廟。不過，海勒姆和所有腓尼基人都不信仰猶太人的上帝。

腓尼基人敬奉的神靈有巴力神和摩洛克神，這兩位神明也叫太陽神和火神。他們還信仰名叫阿施塔特的月亮女神，並在祂的雕像前用活生生的孩子獻祭。天啊！這可是真實的故事，不是神話故事！想想看，如果你生活在那時候，該有多麼可怕啊！

腓尼基人是了不起的商人，他們製作了很多東西來賣。比如象牙做的雕塑、精雕細琢的金銀飾品、晶瑩剔透的玻璃製品等等。他們還會織毛紡布和亞麻布，而最負盛名的要數印染布料和印染長袍了。

腓尼基人能從小蛤蜊的身體裡提取出一種鮮亮的紫色，這可是他

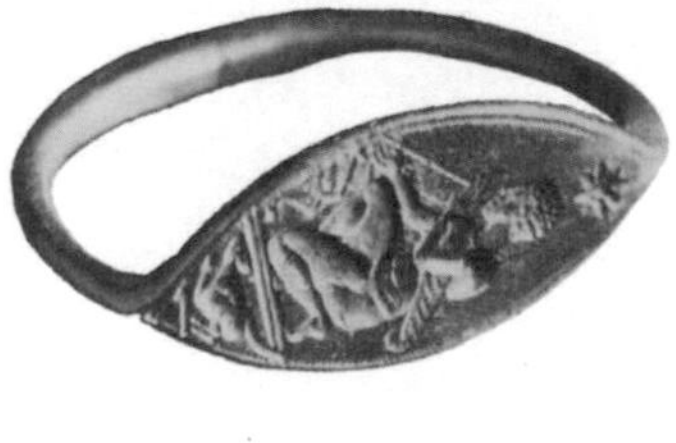

左、中／琉璃面具（西元前三世紀，布匿墓地出土，收藏於迦太基博物館）。
右／金戒指（西元前四世紀，收藏於迦太基博物館）。

們的不傳之祕。而這種小蛤蜊就生活在泰爾城附近的水域中，所以這種紫色以泰爾城的名字取名為「泰爾紫」。泰爾紫比其他顏色都要鮮豔、美麗，因此，國王穿的長袍染的都是這個顏色。

泰爾和西頓是腓尼基的兩座大城市，也曾經是世界上商業最發達的城市。

腓尼基人四處經商，他們駕駛船隻走遍了地中海的每個角落，甚至還出海到過大西洋。

這個出海口現在稱作「直布羅陀海峽」，那時叫做「海克力斯（註4）之柱」。他們的足跡遠至大不列顛群島和非洲海岸，那個年代的許

腓尼基人四處經商，他們駕駛著船隻走遍了地中海的各個角落，甚至出海到過大西洋。

註4：希臘神話中的英雄，是著名的大力士。

多人想都沒想過駕船走那麼遠，他們認為走到海洋的邊緣就會摔下去。腓尼基人卻沒有這種顧慮，因此他們是那個時代最偉大的航海家和商人。他們用山坡上生長的香柏木來建造船隻，這種樹被稱為黎巴嫩雪松。

在對待香柏樹的問題上，腓尼基人真是目光淺短，他們把香柏樹幾乎砍光了！結果，不論是船隻，還是其他東西，全都不能再用這種堅硬、結實的樹木來做了。你想，我們會做出類似這樣的蠢事嗎？

腓尼基人一發現適合停泊的港口，就會在那裡建造城市，和當地人做生意。他們用成本很低廉的紫色布料換來金銀和其他貴重物品，也總能從中大賺一筆。他們在北非沿岸也建造了一些城市，其中一個叫做迦太基。迦太基後來變得非常強大、富有，它的故事我之後再告訴你。

校長爺爺小叮嚀

1. 腓尼基人發明的字母表，就是現今使用的英文字母雛型。
2. 腓尼基的兩大城市——泰爾與西頓，曾經是世界上商業最發達的城市。
3. 腓尼基人四處經商，曾經駕船走遍地中海各個角落，甚至到過大西洋。

3

古希臘（2）

堅硬如鐵的斯巴達人

年代：西元前900年～西元前630年

前面提到，希臘由好多個城邦組成，其中最重要的就是雅典與斯巴達。
然而，這兩個希臘城邦卻有著截然不同的生活習慣與想法，
雅典人熱愛美麗的東西，而斯巴達人卻崇尚簡潔、硬朗、強壯，
是不是很奇妙呢？

讓我們的故事再回到希臘，在這個荷馬和眾神的家鄉，有個城市叫斯巴達，世界上最美的女人海倫曾經生活在那裡。

大約在西元前九〇〇年，斯巴達有個名叫萊克格斯的男人，這在希臘語中是個非常硬朗的名字（類似王大鋼、趙強、李鐵……這樣的中文名）。當你聽完這個人的故事後，也許還會認為這個人也是條硬漢子。萊克格斯確實是個很剛強的男人，他的願望就是讓斯巴達成為世界上最強大的城邦。

首先，他得弄清楚怎麼樣才能使城市和人民變得強大。

他長年累月出外遊歷，幾乎走遍了世界上所有的大城市，想要明白是什麼原因使這些城市強大起來。這就是他一直在學習的東西。

有些地方的人們希望每天能開心、快樂，有東西可以消遣，日子過得舒舒服服的。但萊克格斯發現他們還不夠——不夠強大。

有些地方的人們總想著努力工作，不管開心還是不開心，都盡自

斯巴達大立法官萊克格斯展示軍事訓練的重要性（荷蘭畫家 C.B. 艾弗丁根所繪）。

己本分的做著應該做的事情。他發現這些人還算不錯——比較強大。

後來，萊克格斯回到家鄉斯巴達，著手制訂了一系列的規則，他認為按照這些規則生活，就能使他的人民比世界上的其他民族都強大。這些規則叫做「法典」。我想你會同意我說這些規則非常嚴酷，它們也確實讓斯巴達人變得更加強壯——簡直像鐵釘一樣結實。我們再來看看，法典是否使斯巴達真正強大起來了呢？

斯巴達人的訓練從嬰兒時期開始。當嬰兒出生後，人們就檢查他是否健康強壯。如果嬰兒看起來不大健康，就會被扔到山裡，任其自生自滅。因為萊克格斯希望斯巴達沒有弱者。

當男孩長到七歲時，就要離開母親，到學校生活。說是學校，其實更像是軍營。從那時候開始，他們就要一直住在學校，直到六十歲。在學校裡，他們學的東西和你現在學的完全不一樣，他們只學習如何成為一名優秀的戰士。

學校裡沒有課本。

沒有拼音讀本。

沒有數學。

沒有地理。因為沒有人夠了解世界各地，不能寫成一本地理書。

沒有歷史。因為之前世界上發生的事情，沒有多少人知道。當然啦，你現在學到的斯巴達之後的歷史，都還沒有發生呢。

到了某個階段，斯巴達的男孩要被鞭打一頓，不是因為他做錯了什麼，只是要教會他在受苦的時候不能哭。不管他傷得有多重，只要他哭了，那就會是永遠的恥辱。

他要一直運動、訓練、工作，直到快要倒下為止。不管多麼累、多麼餓、多麼睏，身體有多麼疼，也要堅持這樣的生活，而且不能表現出一點點難受的樣子。

他要吃最難吃的東西、長時間忍受飢渴、在最寒冷的天氣裡穿得很少或是根本不穿衣服，就是為了適應艱苦和忍受各種各樣的不適。這樣的訓練和磨礪，叫做「斯巴達式訓練」。

你覺得，你會喜歡這樣的訓練嗎？

斯巴達人的食物、衣服和住所都是國家免費提供的，但是品質都很差，非常簡陋。在斯巴達，不允許人民吃美味的食物、睡軟軟的床、穿精美衣服。他們把這些東西都當作奢侈品，而萊克格斯認為奢侈品會讓人變得柔弱、無能，他希望他的人民能夠堅強、硬朗。

操練中的斯巴達青年（法國印象派畫家、雕塑家艾德加．竇加所繪）。

在說話方面，斯巴達人要求做到簡單直接，不能浪費一個字，盡可能用最少的語言來表達意思。這種說話方式叫做「拉科尼式」（laconic，即簡潔的意思），取名自斯巴達所在的拉科尼亞州。

以前有個國王寫了封恐嚇信給斯巴達人，在信裡說他們最好按照他的要求去做，如果不服從的話，他就會來占領他們的國家、毀掉他們的城市，讓他們都淪為奴隸。

斯巴達人叫信差送了回信，那個國王打開一看，信裡面就只有一個字：「敢！」

直到今天，我們還把這種簡短卻切中要點的回答，叫做「拉科尼式回答」。

這樣艱苦的訓練和拚命的工作，使斯巴達人成為世界上最強大的人民了嗎？

萊克格斯的確使斯巴達人成為了世界上最強壯、最優秀的戰士，不過——

斯巴達人征服了周圍各國的人民，儘管這些國家的人民是他們的十倍多；不過——

他們使這些人民成為他們的奴隸，替他們耕種和工作；不過——

我們以後會知道萊克格斯的想法對不對。

希臘另一個大城邦——雅典，位於斯巴達北部。當然，希臘有很多城邦，但是斯巴達和雅典是最重要的兩個。雅典人的生活和想法，與斯巴達人有天壤之別。

與斯巴達人非常強調紀律、軍事化態度處理事情不同，雅典人喜歡所有美麗的事物。

雅典人和斯巴達人一樣熱愛各種體育運動，但是他們還熱愛音樂和詩歌，熱愛美麗的雕塑、油畫、建築物和所有精美的藝術品。

斯巴達人認為鍛鍊身體是最重要的事情，而雅典人認為內心的修養和鍛鍊身體一樣重要。你更喜歡哪個想法呢？是雅典人的想法還是斯巴達人的想法？

有一次，雅典和斯巴達舉行了一場重大的比賽。有個年紀很大的老人在雅典人那邊找位

萊克格斯希望藉由嚴酷的規則，讓斯巴達成為最強大的城邦。

子，可是已經沒有空位了，也沒有雅典人讓座。後來，斯巴達人把老人請過去，替他找了一個最好的座位。雅典人為斯巴達人的舉動歡呼起來，表示他們多麼贊同這種做法。對此，斯巴達人這樣回應：「雅典人知道什麼是對的，但他們卻不願執行。」

!校長爺爺小叮嚀

1. 斯巴達男孩七歲時，就必須離開家裡，到學校學習直到六十歲。
2. 斯巴達人要求做到簡單直接，不能浪費一個字，盡可能用最少的語言來表達意思，這種說話方式叫做「拉科尼式」。
3. 希臘有眾多城邦，然而其中最重要的兩個城邦——雅典與斯巴達，在生活與想法上，卻是截然不同。

古希臘（3）

奧林匹亞的桂冠

年代：西元前776年左右

每四年，都會舉辦一次盛大的奧林匹亞運動會。
但是，你知道嗎？其實在西元前七七六年，就已經由古希臘人開始舉辦。
當時的希臘認為運動是一件非常棒的事情，就連戰爭時期，
如果遇到奧林匹亞運動會，也會因此休戰而去參加呢！

希臘的男孩子和小夥子，甚至女孩，都喜歡各式各樣的戶外運動。他們那時候沒有足球、棒球或籃球，運動項目一般有跑步、跳高和摔角、拳擊，還有擲鐵餅——鐵餅就像是一個又大又重的鐵盤子。希臘各地經常舉行比賽，看看誰在這些運動項目上表現最棒。

而最大的體育盛會每四年才舉行一次，地點在希臘南部的奧林匹亞。每到此時，來自全國各地的優秀選手都雲集於此，經由比賽找出誰才是全希臘的冠軍。

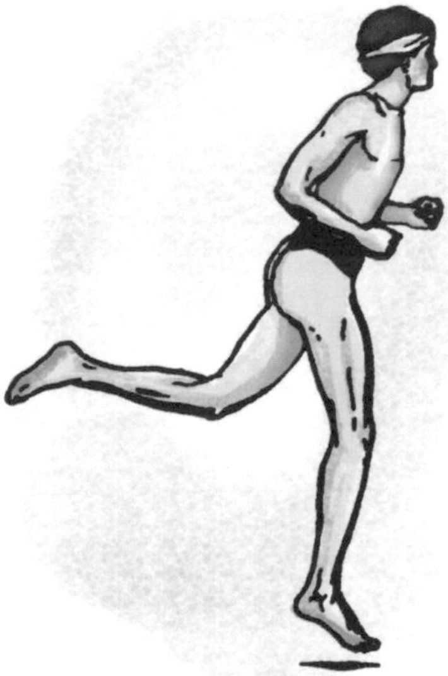

古希臘賽跑的人。

舉辦比賽那天，就是希臘最盛大的節日，因為這個活動是以希臘神話中眾神之首——宙斯的名義舉辦的。人們都從四面八方不遠萬里趕來觀看，和現在人們去看世界盃和奧運會的熱情差不多。

古時候，奧林匹亞運動會只有希臘人才能參加，而且參加者不能有任何犯罪紀錄和違法行為——就像現在的孩子也必須要品行優良，才能參加學校的校隊。而且，只有男人和男孩子才能參加奧林匹亞運動會的比賽。

如果舉辦奧林匹亞運動會的期間碰巧發生戰爭，慣例上會先休戰，讓每個人都去參加比賽。任何事情都不能干擾運動會，相比之下戰爭都變得不那麼重要了。

「先辦正事！」然後等運動會結束後，再繼續開戰。

為了參加這場重大的賽事，希臘的男孩和小夥子要先準備四年，接著在運動會開始之前的九個月，再到奧林匹亞附近的露天體育場進行訓練。

運動會持續五天，開始和結束時都會有隊伍遊行，以向希臘眾神祈禱和獻祭，會場裡面也擺滿了眾神美麗的雕像。這不僅僅是一場運動會，還是紀念宙斯和其他眾神的宗教儀式。

比賽的種類很多，如賽跑、跳高、摔角、拳擊、戰車賽和擲鐵餅。在比賽中作弊的運動員都會被淘汰出局，而且終身不能再參賽。

希臘人信奉我們現在所說的「體育精神」，獲勝了不驕傲，失敗了也不找藉口，更不會嚷嚷說判決不公平。

在一個或多個項目上奪冠的運動員就是全希臘的英雄，更是他所代表的那個城邦的英雄。不過，獲勝者並沒有獎金可以拿，但是人們會把月桂樹葉做成的花環戴在他的頭上。對這位運動員來說，這個花冠可比現在運動員獲得的金牌、銀牌要貴重得多。除了榮獲桂冠外，還會有

古希臘奧林匹亞比賽中的幾種項目，自上而下、自左至右分別為：投擲標槍、拳擊和摔角、賽跑、跳高、擲鐵餅（選自希臘瓶畫）。

詩人為他寫歌，雕刻家為他刻塑像。

除了體育競賽，還有詩人和音樂家的比賽。比試的內容是看誰寫的詩歌最好，誰作曲和演奏的音樂最甜美。他們演奏的樂器是一種叫做七弦琴（又名里拉琴）的小豎琴。這些比賽的獲勝者得到的不是桂冠，但他們會被群眾抬起來歡呼，你在現代比賽中可能也見到過，在獲勝後，隊長被他的隊友抬起來，拋向空中。

在希臘歷史上，我們能確定無疑的第一個事件，是在西元前七七六年，奧林匹亞運動會上的賽跑紀錄。從這次比賽後，希臘人開始計算他們的歷史日期，就像我們從耶穌誕生的時候起開始西元紀年一樣。這一年是他們的第一年。

希臘瓶畫中的七弦琴。

兩次奧林匹亞運動會之間相隔的四年叫做一個奧林匹亞德（即奧林匹亞週期）。在此之前，他們還沒有記錄年、月、日的日曆，所以西元前七七六年是第一個奧林匹亞德的起始年。之前的希臘歷史可能有些是真實的，但我們知道大部分都是虛構的，而從這一年開始，希臘歷史差不多都是真實的了。

一八九六年，在奧林匹亞運動會停辦很久之後，人們認為重新舉辦運動會是件好事。於是，在相隔兩千多年後，現代奧林匹亞運動會第一次舉行，不過這次的地點不是在奧林匹亞，而是在雅典。過去奧運會總是在希臘舉行，現在則每次都在不同的國家舉辦；過去只有希臘人有權利參加奧運會，現在全世界幾乎所有國家的運動員都被邀請參加；過去，只有男人可以參加比賽，現在世界各地的女性也都參與進來；過去只要運動會開始，戰爭就要暫停，現在只要戰爭在繼續，運動會就要被迫停辦。

我們前面見識過了斯巴達式訓練，你可能會猜測他們總能贏得大多數運動項目的冠軍吧，事實上也確實如此。

在現代奧林匹亞運動會上，斯巴達人是否依然贏得大多數獎項呢？

答案是不能，現在就是全希臘也不能奪得最多的冠軍了，因為希臘在當今世界上只是眾多國家中的小小一員。

校長爺爺小叮嚀

1. 奧林匹亞運動會起源於古希臘，當時只有男人才有資格參加。
2. 古希臘人相當重視奧林匹亞運動會，甚至不惜停戰也要舉辦。
3. 在古希臘，奧林匹亞運動會不只有運動項目比賽，也有詩人和音樂家的比賽。

古羅馬（1）

羅馬城的罪惡開端

年代：西元前753年左右

當希臘舉辦第一屆奧林匹亞運動會時，
位在地中海中間的義大利，也發展出了一個新的城鎮——羅馬。
羅馬人認為，他們的開國國王——羅穆盧斯，
是由母狼所養大，你相信嗎？

你聽說過千里靴（註5）的故事嗎？人們只要穿上這雙靴子，就可以一步跨出好幾公里呢！

這裡還有個更大的靴子，它有八〇五公里那麼長，就在地中海上。它並不是真正的靴子。只不過，如果你坐在飛機上從高空向下看，它看起來就像一隻靴子。

它叫做義大利。

當希臘舉辦第一個奧林匹亞德不久，義大利發生了一件大事。這件事對他們而言非常重要，因此這一年被他們稱為「元年」。足足有一千年的時間，義大利人都是從這一年開始紀年的，就像希臘人以奧林匹亞德紀年和我們以耶穌誕生紀年一樣。不過這件大事並不是某個人的誕生，而是一個城市的誕生，這個城市就是羅馬。

註5：千里靴（seven-league boots）是歐洲童話中出現的物品。穿上這雙靴子的人，每走一步就能跨出約三十五公里遠，比喻速度極快。

和希臘歷史一樣，羅馬歷史也是從神話故事開始的。希臘詩人荷馬講述了英雄奧德修斯流浪的故事，很多年之後，古羅馬詩人維吉爾也寫了一部偉大的史詩，講的是特洛伊人埃涅阿斯在特洛伊滅亡後的流浪生活。

當特洛伊城被焚毀後，埃涅阿斯逃離了那裡，開始尋找新的家園。經過幾年的漂泊，他來到了義大利中部、台伯河的河口處。他遇到了國王的女兒拉維尼婭，並和她結婚，從此以後過著幸福快樂的生活。後來，他們的孩子成了這塊土地的統治者，子子孫孫，一輩又一輩。

直到許多年後，一對孿生兄弟誕生了，他們的名字是羅穆盧斯和瑞摩斯。到此為止，故事的第一部分結束了，而煩惱也由此開始，他們從此以後再也沒有過幸福的生活。

雙胞胎出生的時候，有人奪走了他們世襲的王位。這個人擔心兩個孩子長大後會來搶回王位，就把雙胞胎放在籃子裡，再扔到台伯河上。他希望這個籃子會順水漂流把他們帶進大海，或者乾脆就翻倒在河裡，把兩個嬰兒淹死。他覺得自己這樣做也沒什麼不對，畢竟沒有親手殺死他們。可是，籃子既沒有流到海裡也沒有翻倒在河裡，而是漂流到了岸上。

有隻母狼發現了這兩個孩子，把他們當作自己的孩子餵養，啄木鳥也幫著用漿果餵他們。後來，有個牧羊人把他們帶回家，還把他們當作自己兒子一樣撫養，使他們長大成人。這個故事聽起來有點像前面講的那個帕里斯的故事吧，他也是被丟到山裡等死，結果被牧羊人發現並養大的。

兩個孩子長大後都想建國稱王，但國王只能有一個，究竟由誰來當呢？兩個人互不相讓，還為了這件事情爭執不休。後來，羅穆盧斯殺死了自己的親兄弟瑞摩斯。

母狼曾拯救過羅馬創建者羅穆盧斯和瑞摩斯，後來成了羅馬人的圖騰（羅馬青銅塑像《古代母狼》）。

西元前七五三年，羅穆盧斯在台伯河邊建了一座城市。就是在那裡，母狼救了他們兩兄弟，還餵養了他們一段時間。那個地方有七座小山，城市就位在山丘的共同交集處。

羅穆盧斯以自己的名字為這座城命名為羅馬，住在那裡的人就稱為羅馬人。此後羅馬的國王總說他們是特洛伊英雄埃涅阿斯的後裔，就是因為埃涅阿斯是羅穆盧斯的曾曾曾曾祖父。

你不相信這個故事是真的嗎？其實我也不信。但這是一個很古老、很古老的故事，差不多每個人都聽說過，雖然它只是個傳說。

據說，為了讓更多人來羅馬定居，羅穆盧斯找來了很多小偷和越獄的逃犯，並保證他們在羅馬的人身安全。

可是，這裡的男人都沒有妻子，這個新城市裡也沒有女人。於是，

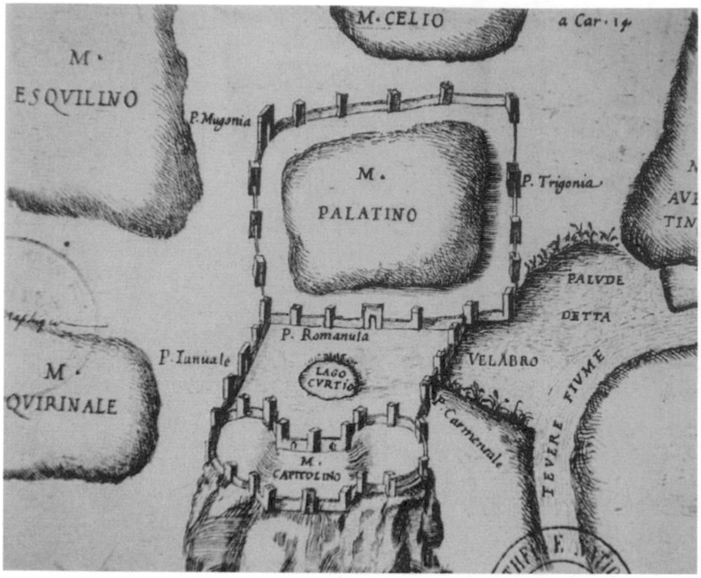

左／羅穆盧斯建國時的羅馬小鎮（十七世紀雕刻作品）。
右／牧羊人發現母狼和兩個雙胞胎兄弟（拼花地板）。

羅穆盧斯又想了個辦法幫這些人娶妻。他邀請住在附近的薩賓人，包括男人和女人，前來羅馬參加盛大的宴會。

薩賓人接受了邀請，而在盛宴開始、所有人都在大吃大喝的時候，有人發出暗號，每個羅馬人就動手搶一個薩賓女人，搶到後便逃之夭夭。

薩賓的男人立即召集了軍隊，要和這些搶了他們妻子的羅馬人打仗。正當兩軍要開戰的時候，那些被搶的薩賓女人跑出來，站在現任丈夫和前任丈夫之間，請求他們停止戰爭，她們說自己愛上了現任丈夫，不願意再回到原來的家了。

你怎麼看這件事呢？

劫掠薩賓婦女（義大利畫家焦爾達諾所繪）。

一個新城市是這樣建立的，可真夠糟糕的，是不是？你可能會非常好奇羅馬後來會變成什麼樣？這座城市以羅穆盧斯殺死自己的兄弟為開端，之後住進了一些逃犯，後來又搶了鄰居的妻子。我們倒要留心羅馬城以後的歷史，看看羅馬人是不是還會繼續做出罪惡的事情。

薩賓婦女擋在羅馬人與薩賓男人之間（法國畫家雅克．路易．大衛所繪）。

！校長爺爺小叮嚀

1. 古羅馬人認為，羅馬的創建者羅穆盧斯和瑞摩斯是由母狼所養大。
2. 為了讓羅馬有更多居民，羅馬創建者羅穆盧斯找來很多小偷和逃犯，並且確保他們在羅馬的人身安全。
3. 為了讓羅馬男人娶妻，羅馬創建者羅穆盧斯利用詭計，搶奪了住在附近的薩賓女人。

兩河流域文明（亞述）

長著螺旋捲髮的國王

年代：西元前700年～西元前612年

還記得前面提到過的「亞述」嗎？
儘管這個國家已經在好久以前就滅亡，
但在當時，亞述可說是兩河流域地區最強盛的國家，
他們所到之處，都會征戰這些土地。
所以，在亞述兩旁的鄰居，都非常畏懼、討厭他們。

羅馬城的開端很糟糕，第一個國王羅穆盧斯就是殺害自己兄弟的人。羅穆盧斯死後，羅馬迎來了一任又一任國王，有一些國王還挺不錯，但有些國王就很壞。

當時世界上最有名的城市，是離羅馬很遠，位在底格里斯河附近的尼尼微，而這裡住著亞述國的國王。還記得吧？我在前面講過亞述這個國家。

和其他地方一樣，我們聽到最多關於亞述和亞述人的事情，就是他們總是在和鄰國交戰。不過，這並不是因為他們的鄰國有什麼不對。因為住在尼尼微的亞述國王貪圖更多的土地和更大的權力，所以他們不斷攻打鄰國，掠奪他們的土地。這些國王都留著很長的螺旋捲髮。他們因兇殘善戰而遠近知名，人們都很害怕他們。

波斯弓箭手（上釉人造石浮雕）。

他們對待俘虜十分殘忍，經常使用活剝皮、割耳朵、拔舌頭、扎眼睛這樣的酷刑。每當說起這些酷刑，他們還覺得很驕傲。他們要那些被征服的人們上繳大量錢財，還要保證會隨時跟著他們一起出兵打仗。

這樣一來，亞述變得越來越強大，世界上有很多地方都被它占領了，包括兩河流域的美索不達米亞以及東邊、北邊、南邊的土地，還有腓尼基，甚至埃及。

亞述國王居住的地方極盡奢華。他們建造了宏偉的宮殿，在每條通往宮殿的道路兩邊擺放著巨大的雕像，雕刻著長著翅膀與人頭的公牛和獅子。這些長著翅膀的動物在《聖經》裡面被稱為「小天使」。

你可能聽過有人把可愛的小嬰兒叫做小天使，而這些亞述人的怪物也叫小天使是不是很奇怪呢？

亞述國王不是和人打仗，就是和野獸作戰。他們非常喜歡用弓箭打獵，有很多圖畫和雕像描繪、雕刻的都是他們騎在馬背上或是在戰車上和獅子作戰的樣子。

通常，他們都會活捉那些獵到的野獸，然後把牠們放在籠子裡，長著翅膀的人首牛身像（西元前七世紀，亞述巴尼拔王宮遺址復原圖）。

讓人們前來參觀。這聽起來有點像我們現在的動物園。

亞述國王的名字都很怪。辛那赫里布是其中最著名的一個，他生活在西元前七〇〇年。有一次，他去攻打耶路撒冷，到了晚上整個軍隊都紮營安頓下來後，不知道發生了什麼事，結果在第二天早上，沒有人醒來，所有人和馬匹都死了。後來，英國詩人拜倫寫了首詩敘述這個事件，這首詩叫《辛那赫里布的毀滅》。他們可能是被毒死的，你覺得呢？

後來，**亞述的巴尼拔當上國王——大約在西元前六五〇年。他很驍勇善戰，但也癡迷於書籍和閱讀，因此，他建造了第一座公共圖書館。**這個公共圖書館中的書非常奇特，它們當然不是印刷的書籍，甚至都不是用紙做的，而是用泥捏成，上面的文字是在泥土變乾之前壓上去的。我前面講過，這種文字叫做「楔形文字」。書也不是放在書架上，而是成堆的放在地上。不過，它們存放得很有次序，還編了號，到圖書館看書的人只需要報出序號就可以找到書。

亞述國王正在用矛瞄準刺向一頭獅子，另一頭受傷的獅子正在襲擊他的備用馬。亞述統治者喜歡狩獵，並將其看成是一種神聖的使命。

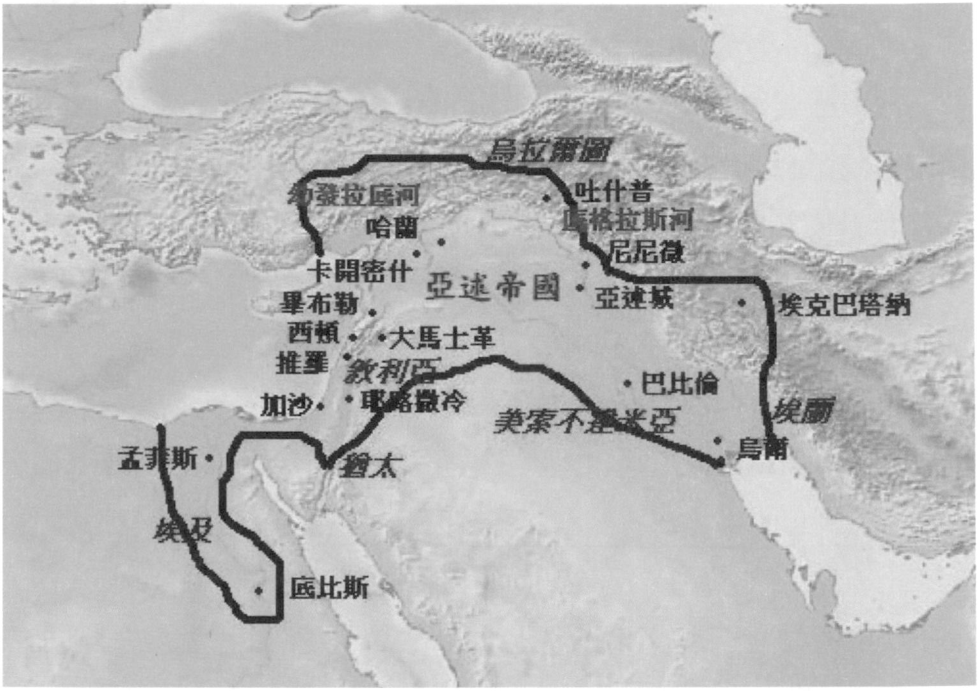

亞述的巴尼拔當上國王時，其所征戰的領土為亞述帝國最大的版圖（拍攝者 Sumchung from 維基百科）。

亞述王國在辛那赫里布和巴尼拔統治時期達到了權力的巔峰，而且在巴尼拔統治時，尼尼微人對尼尼微的一切都感到十分滿意，所以稱這個時期為黃金時代。

儘管尼尼微的狀況對尼尼微人來說異常美好，其他地方的人對亞述人卻是又恨又怕，因為他們所到之處只帶來死亡和毀滅。

巴尼拔死後不久，尼尼微的兩個鄰國決定不再忍受亞述的暴政。

這兩個鄰國分別是南邊的巴比倫和東邊的米底亞。巴比倫的國王和米底亞人聯合起來攻打尼尼微，合力讓尼尼微消失在地球上。這是在西元前六一二年，尼尼微和亞述王國的強權政治土崩瓦解，史稱尼尼微的衰亡，又叫尼尼微的終結。我們可以給它立一塊墓碑（請見右圖）。

校長爺爺小叮嚀

1. 亞述國王非常喜歡打獵與打仗，他們會活捉野獸，並且關在籠子裡讓人參觀。
2. 亞述國王巴尼拔建造了世界第一座公共圖書館。
3. 亞述國王巴尼拔死後，鄰國巴比倫與米底亞聯合起來攻打亞述重鎮尼尼微，崩解了亞述王國的強權政治。

兩河流域文明（巴比倫）

奇蹟與邪惡之城

年代：西元前612年～西元前331年

你聽過「空中花園」嗎？世界七大奇蹟之一的空中花園，
也被譽為世界上最美的地方，它就位在兩河流域，古巴比倫的土地上。
儘管巴比倫是當時最雄偉的城市，但也因為貪婪、墮落的生活，
最終導致了滅亡。讓我們一起跟著校長爺爺，
看看巴比倫到底發生了什麼事吧！

巴比倫的國王擊敗尼尼微後並沒有就此停止戰爭。因為他希望巴比倫也能像尼尼微般強大，於是就去征服臨近的國家，直到巴比倫接替尼尼微成為統治者和領導者。那麼，巴比倫是不是也像尼尼微一樣走向了覆滅呢？

在這位巴比倫國王死後，他把龐大的帝國留給了兒子。他的兒子不是叫做約翰、詹姆斯、查理等等這樣簡單的名字。他的名字叫做「尼布甲尼撒」。我很懷疑他父親叫他時會說出這麼長的全名，他可能會叫像尼布、賈尼或者尼撒這樣簡短的暱稱吧。下頁上方就是尼布甲尼撒用楔形文字寫下自己名字。你會喜歡用這樣特別的方式寫自己的名字嗎？

尼布甲尼撒接掌王位後，把巴比倫城建造成為當時世界上最大、最宏偉、最無與倫比的城市。城市呈正方形，四面環牆，牆高足有成人身高的五十倍，五十倍啊！哇！城牆也非常寬，上面可以容納一架戰車

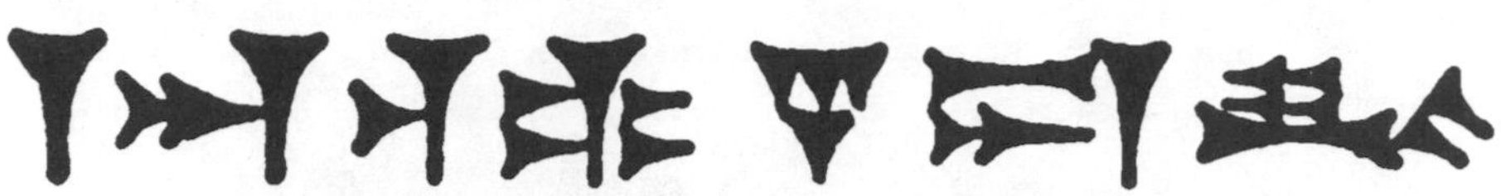

尼布甲尼撒用楔形文字寫下自己的名字。

沿著城牆馳騁。在城牆上，他建造了一百扇黃銅大門。幼發拉底河從城牆下流過，環繞全城，又從另一邊的城牆下流出。

尼布甲尼撒覺得巴比倫的女人都不夠美，不能當王后。巴比倫的女人對此一定感到很難過——甚至瘋狂。於是，尼布甲尼撒去了米底亞，就是曾經幫助他父親征服尼尼微的那個國家，他找到了一位可愛的公主、娶她為妻並把她帶回了巴比倫。

米底亞這個國家境內大大小小的山峰眾多，而巴比倫國內是一片平原，看不到一座山。尼布甲尼撒的王后看到巴比倫這樣平坦，感到十分無趣，開始想念起家鄉來，她十分懷念自己家鄉山巒起伏的景色。為了取悅她，使她能安心留在巴比倫，尼布甲尼撒決定為她「建造」一座小山。

奇怪的是，他把小山建在自己宮殿的屋頂上了！在這座小山的各個角落，他布置了很多美麗的花園，這些花園不僅種花，也種樹，這樣，王后就可以坐在樹蔭下乘涼、享受美景。這個花園叫做「空中花園」。**巴比倫的空中花園和巨大的城牆是舉世聞名的世界七大奇蹟之一。**

你想知道另外幾大奇蹟有哪些嗎？

我來告訴你吧，埃及的金字塔是其中一個，矗立在奧林匹亞的宏偉宙斯神像也是其中之一。還記得嗎？奧林匹亞就是舉辦奧林匹亞運動

藝術家想像中的巴比倫空中花園，傳說是尼布甲尼撒大帝為他的妻子所建。

會的地方。這兩個奇蹟加上空中花園就占了七大奇蹟中的三個。

尼布甲尼撒和腓尼基人一樣信奉多神教，而遠在耶路撒冷的猶太人只信仰上帝。尼布甲尼撒想要猶太人也信仰他們的多神教，但猶太人不願意。他還想讓猶太人向巴比倫交稅，他們也不交。於是，他就派兵攻打耶路撒冷，毀滅了這座城市，燒毀了所羅門建造的那座華美神廟，把猶太人和所有的財物都帶回了巴比倫。尼布甲尼撒把猶太人都關進巴比倫的監獄，讓猶太人當了七十多年的囚犯。

巴比倫不僅成為當時最宏偉壯觀的城市，也成了最邪惡的地方。巴比倫人放任自己盡情的享樂。他們只想著「讓我們吃好、喝好、過得開心」；他們從不為明天打算，生活過得越墮落，他們越開心。

不過，雖然尼布甲尼撒好像能夠為所欲為，能得到他想要的一切尼布甲尼撒接掌王位後，把巴比倫城建成為當時世界上最大、最宏偉、最無與倫比的城市。

東西，但最終他還是發瘋了。他覺得自己是頭公牛，總是四肢著地、啃地上的青草吃，以為自己是一頭野獸。

而巴比倫呢？雖然有著巨大的城牆和黃銅的大門，最終仍舊滅亡了。巴比倫會被占領，這似乎不可能啊！它怎麼會被占領，又是誰占領它的？你可能永遠都猜不到。

校長爺爺小叮嚀

1. 尼布甲尼撒接掌巴比倫王位後，將巴比倫城建成當時最大、最宏偉、最無與倫比的城市。
2. 巴比倫的空中花園與巨大城牆，是舉世聞名的世界七大奇蹟之一。
3. 尼布甲尼撒與腓尼基人一樣，都信奉多神教。

兩河流域文明（波斯）

宴會上的突襲

年代：西元前559年～西元前538年

以前的人沒有紙鈔、硬幣，要怎麼買賣東西呢？
其實，早在很久很久以前的史前時代，
就已經開始利用稀有的貝殼、物品來交換，之後才慢慢轉變用金、銀來取代。
但是，如果在買賣前，都要將每一塊金子秤重，實在太麻煩了。
所以，呂底亞的國王克羅伊斯，就在金子刻上自己的名字，
這就是錢幣的起源喔！

「除非吃完晚飯，否則別想吃甜點。」我小的時候，家人是這樣告訴我的，你可能也聽過類似的話吧？

不管我餓不餓，永遠是「不吃晚飯，不許吃甜點」。我爸爸說，這條規定是絕對不可更改的，就像「米底亞人和波斯人的法律」那樣。

那個時候，我根本不清楚米底亞人和波斯人是怎麼回事，現在我知道了，他們是生活在巴比倫附近的兩個印歐語系的民族——你還記得尼布甲尼撒娶的是米底亞的公主吧——這兩個民族都是透過法律來管理國家的，這些法律制定得非常嚴格而且不容變更，以至於我們現在說到一些不會改變的事情，還把它們比作「米底亞人和波斯人的法律」。

米底亞人和波斯人信仰的宗教既不同於猶太人，也不同於巴比倫人。這個宗教（註 6）的創始人是一個名叫瑣羅亞斯德的波斯人，他是

一個像所羅門那樣的智者。瑣羅亞斯德到各個地方去，教群眾箴言和讚美詩。這些箴言已經被彙編成書。瑣羅亞斯德說，這世界上有兩種偉大的神靈，善的神靈和惡的神靈。

他說善的神靈代表了光明，而惡的神靈代表黑暗，他將主宰善的神靈或說光明之神叫做「馬茲達」。波斯人總是讓祭壇上的火長明不滅，因為他們認為善神存在火中，所以他們派專人守護，防止火熄滅。**守護火焰的人稱作「麻伽」（Magi），也就是古代波斯的祭司，據說他們能做各種神奇的事情，因此我們常稱那些神奇的事情為「魔法」（magic），那些能做神奇事情的人就叫做「魔法師」（magicians）。**

接下來，我要講個故事給你聽，在這個故事發生的時代，米底亞和波斯的統治者是一位偉大的國王，他叫「居魯士」。

不過，在我講這個故事之前，得先說到一個小國。這個小國離特洛伊不遠，叫做呂底亞。這名字和常見的女孩名「麗迪亞」很像吧，我就認識一個叫麗迪亞的女孩，你呢？

呂底亞當時的國王叫做克羅伊斯，是世界上最富有的人。我們現在形容某個人很有錢時，依然會說「跟克羅伊斯一樣富有」。

呂底亞王國有很多金礦，而幾乎所有的金礦都屬於克羅伊斯。除了這些金礦外，他還以徵

波斯人瑣羅亞斯德創立了「瑣羅亞斯德教」，他認為世界上有兩種偉大的神靈，善的神靈與惡的神靈。

註6：這宗教就叫做「瑣羅亞斯德教」，穆斯林貶稱它為「拜火教」，在中國則稱為「祆教」。

稅的名義向附近所有城市索要財物。

在克羅伊斯之前，世界上還沒有我們現在用的錢幣。他們買東西的時候，就用其他東西去交換，例如：多少個雞蛋換一斤肉或是多少斤酒換一雙鞋子。而要買貴重的東西，比如一匹馬，他們就要付一塊金子或銀子，並在買之前用天秤稱金子或銀子的重量。我們今天很難想像人們沒有硬幣、紙幣——甚至沒有錢——該怎麼生活，但是他們當時的確如此。

為了讓買賣更方便，克羅伊斯把金子分割成了小塊。可是，在每次交易的時候都要幫每塊金子秤重很麻煩，而且他還有可能沒有帶秤。

克羅伊斯就叫人把切成小塊的金子都秤一遍，並把秤過的重量和他的名字或名字首字母都刻到金子上頭，表明他保證這些金塊的重量真實可信。這些刻著克羅伊斯印記的金塊或銀塊，儘管不是圓形的，也不像我們現在的錢幣那樣雕刻著美麗的圖案，卻是世界上第一批真正的錢幣。

呂底亞國王克羅伊斯在金塊或銀塊刻上印記，是世界上第一批真正的錢幣（拍攝者為 Jastrow from 維基百科）。

現在，該說到故事裡那位偉大的波斯國王居魯士了。他想要占領富裕的呂底亞，將這裡眾多的金礦據為己有。於是，他出兵攻打呂底亞。

居魯士的大軍還在路上時，克羅伊斯急忙派人去希臘求取德爾斐神諭，詢問將要發生的戰爭會出現怎樣的局面，最終誰會贏。

你還記得吧？我說過這個德爾斐神諭，大家總是找神諭尋求答案，想知道他們的命運會如何，現在有些人還會這樣做呢！

神諭給了克羅伊斯這樣的回答：「一個偉大的王國將會滅亡。」克羅伊斯聽到，非常高興，他覺得神諭的意思是說居魯士的王國將會滅亡。

這神諭是說中了，不過不是克羅伊斯所理解的那樣。

的確有個偉大的王國滅亡了，但這個王國是他的呂底亞王國，而不是居魯士的國家。

波斯最偉大的國王——居魯士（拍攝者為 Siamax from 維基百科）。

在攻占了呂底亞後，居魯士並沒有感到滿足，之後他又進攻了巴比倫。那個時候，巴比倫人除了享樂什麼都不想，整天忙著大吃大喝，縱情聲色。他們為什麼要擔心居魯士的進攻呢？他們有那麼高、那麼厚的城牆，而且大門都是堅固的黃銅製成的，似乎沒人能攻占這座城池。不過，你還記得吧？幼發拉底河從城牆下流過，正好穿過這座城市。

於是，一天晚上，趁著巴比倫年輕的王子伯沙撒正在舉辦宴會、盡情玩樂的時候，居魯士派人築起了一座水壩，把河水引向一邊去，然後讓軍隊透過抽乾的河床長驅直入占領了巴比倫，不費吹灰之力就俘虜了驚慌失措的巴比倫人。據說，有一些巴比倫祭司當了居魯士的內應，他們甚至還為居魯士的軍隊打開了城門。會這樣做的原因，是因為他們認為巴比倫已經太墮落，該是毀滅的時候了。

如果這時候斯巴達那位萊克格斯還活著，他一定會說：「我不是

巴比倫的空中花園曾經繁華無比，如今只剩一大堆的泥土（荷蘭畫家馬騰·凡海姆斯凱克所繪）。

說過了嗎？終日享樂的人從來都不會有好下場。」這次宴會上的突襲發生在西元前五三八年，很好記吧，五加三等於八。

兩年後，居魯士釋放了五十年前從耶路撒冷擄來的猶太人，准許他們回到自己的故土，從而結束了「巴比倫之囚」的時代。

今天，這個偉大的城市巴比倫——邪惡的巴比倫、繁華壯觀的巴比倫、有著巨大城牆和黃銅大門以及空中花園的巴比倫——只剩下一大堆泥土。

!校長爺爺小叮嚀

1. 米底亞人與波斯人都信仰「瑣羅亞斯德教」，穆斯林貶稱它為「拜火教」，在中國則稱為「祆教」。
2. 呂底亞國王克羅伊斯創造了世界上第一批真正的錢幣。
3. 波斯國王居魯士攻占了富裕的呂底亞，之後又占領了巴比倫。

印度河流域文明

世界的另一邊

年代：西元前2500年～西元前500年

現在，我們來聊聊東邊的古文明吧！
兩河流域往東走，就能遇到另一個古文明發源地——印度。
如同其他古文明，印度也是沿著河流發展，而這個地區所發展的河流流域，
正是印度河。你在路上看到穿著袈裟的僧侶，
信奉的就是我們所熟悉的「佛教」，
而佛教，正是西元前300年左右發源於印度的宗教。

印度是波斯東邊的一個國家，在那裡生活的人叫印度人。當然，這裡的印度人和現在叫做印第安人的美洲原住民是完全不同的。印第安人原來也叫印度人，那是因為早期的探險家到達美洲時，以為自己到了印度或是東印度群島，所以把住在那裡的人叫印度人。

你還記得吧，印度是早期文明的發源地之一，它也是沿著河谷發展起來的。還記得那條河的名字嗎？給你個提示吧，它和印度這個國家有關。

記起來了吧？它叫「印度河」。

印度是個非常古老的國家，鄰居巴基斯坦曾經是印度的一部分。很久以前——大約在西元前二五〇〇年時，居住在印度河沿岸（也就是現在印度和巴基斯坦所在地）的人，駕著船隻沿河岸做買賣。他們還發明

了一套書寫方法來記錄他們的生活。他們建造了很多大城市，城市裡面有寬闊、筆直的街道，房子裡甚至還有含排水管道的浴室，浴室的下水道都和整個城市的排水系統連在一起。你覺得只有現代人才有排水系統嗎？那你就錯了。你看古印度人早在很久以前就想出這種衛生設施了。

古印度人沿著印度河建造了最初的一些城市後，大概過了一千多年，生活在西邊的人侵犯了他們的土地。這些人屬於印歐語系，來自靠近波斯的某個地方。最初到印度時，這些人還不會寫字。不過，他們都是強壯的戰士，漸漸的，他們在印度占領了越來越多的土地。原來的印度人和這些新來的入侵者互相學習並適應了對方的一些習俗。

在這個時期的印度社會中，人們分為四個主要的「種姓」，或叫等級。不同的種姓、等級之間不會有任何往來。例如：這個種姓的男孩或女孩絕不可以和另一個種姓的孩子一起玩；這個種姓的男人絕不能娶另一個種姓的女人；這個種姓的人絕不會和另一個種姓的人一起吃飯。

早在西元前二五〇〇年，印度河岸的人們已經發明了一套書寫方法記錄他們的生活（拍攝者為 Royroydeb from 維基百科）。

佛陀釋迦牟尼降生。

最高的種姓是由僧侶和學者組成，接下來則是各級官吏和士兵，農民和商人則是第三個種姓。第四個也是最後一個種姓，是勞工，就是那些砍柴、挖土或挑水的人。

但是，這些人的等級還不是最低的！還有一些人，他們地位低下到不屬於任何一個種姓，所以，他們被稱為「棄民」和「賤民」。甚至到了今天，雖然印度試圖改變這種狀況，而且種姓區分已經是非法的行為，但是這些人依然做著打掃街道、清理水溝、撿垃圾和那些沒人願意幹的骯髒工作。

現在的印度，人口十分密集，它的面積大約只有美國的三分之一，

悉達多・喬達摩在森林中苦修，另外五個人是他的追隨者。

但是人口卻是美國的三倍多。想想這意味著什麼！

今天，大多數印度人都信仰印度教，但是**大約從西元前三〇〇年到西元四〇〇年——七百多年的時間，佛教在印度十分盛行**。佛教的產生和發展過程是這樣的：

大約西元前五〇〇年，印度有位王子出生了，他叫悉達多・喬達摩（即後來的釋迦牟尼）。悉達多看到這世界上有太多的苦難和不幸了，他覺得自己只是因為幸運的出生在貴族家庭，就過著快樂的生活，其他那麼多人卻都生活得很悲慘，一點也不幸福。於是，他放棄了高貴的出身和安逸的生活，用他全部的時間和精力造福人民。

悉達多教人向善、教人誠實，還教他們幫助窮困和不幸的人。過了一段時間後，大家開始叫他佛陀。

大家都覺得他是如此神聖和純潔，最後認定他本人就是神的化身，所以把他當作神來敬仰。

這些信仰佛教的人叫做佛教徒，很快其他很多人也成了佛教徒。佛教總是在教人向善，所以，有大量群眾成為佛教徒也就不足為奇了。

佛教徒認為他們的宗教很好，因此希望世界上所有人都成為佛教的信徒。他們派出傳教士四處傳教，後來還漂洋過海來到日本島，從此，這個新宗教就廣泛的傳播開來。現在，世界各地的佛教徒比美國的人口還要多。

你看出來了吧，印度是個非常重要的地方，它是世界上最古老的文明發源地之一，也是世界上兩大宗教（佛教和印度教）的家園。

校長爺爺小叮嚀

1. 印度是早期文明的發源地之一，沿著印度河谷發展。
2. 古時期的印度將人分為四個主要的「種姓」，不同種姓的男女不得通婚、來往。
3. 佛教起源於印度，由印度王子悉達多・喬達摩所創立。

黃河流域文明

中國人的世界

年代：西元前1500年～西元600年

說了這麼多的歐洲歷史，我們現在來講講當時的中國發生了什麼事！
在印度悉達多建立佛教的同時，中國也出現了一位智者，
那就是我們熟悉的至聖先師「孔子」。
由於隔著高大廣闊的山脈與沙漠，因此古時候的中國是獨立發展自己的文明，
鮮少與當時的歐洲世界接觸，
但是卻還是獨自發展出許多驚人的發明。

幾乎是悉達多在印度創立佛教的同時，中國出現了一個名叫孔子的偉大智者，他教導中國人應該做什麼和不應該做什麼。他的教導記載在幾本書中，逐漸成為中國人和其他許多亞洲人的一種生活方式。

孔子教導人們要忠誠，要服從君王，同時也認為統治者有責任照顧好人民。他相信這樣就會給中國帶來和平與和諧。他還教導人民要聽從父母和老師，並敬奉自己的祖先。這聽起來有點像《聖經》「十誡」中的一條：「孝敬父母。」

孔子還教給人們一條金科玉律，和你在《聖經》 裡學過的一條格言意思相同，只是說法不同，你學過的是「己所欲，施於人」，而孔子說的是「己所不欲，勿施於人」。

悉達多創立佛教的同時，中國也出現了一位偉大的智者——孔子。

中國也是世界上最古老的文明發源地之一。你還記得那條孕育了中國文明的河流叫什麼吧？它叫「黃河」，因為河裡面充滿大量黃色的泥沙。這些泥沙使得土壤肥沃，種的莊稼就可以有好收成。最開始，他們在黃河沿岸定居下來，後來也有些人在長江邊上安居樂業。

中國離我們前面講過的那些文明古國都非常非常遠，它在古代世界中是孤立存在的。它的西邊矗立著喜馬拉雅山，北邊橫亙著戈壁沙漠，南邊有很多高山和大海，東臨廣闊的太平洋，太平洋一直延伸到美國的西海岸。那時候既沒有大的航船艦艇也沒有飛機，中國人很少和外面的世界接觸，所以，中國文明完全是獨立發展的。

我們知道，早在西元前一五〇〇年，中國人就已經有了文字，那時候中國北部的疆域正處在商朝階段。你看中國的文字現在仍然和其他國家的文字非常不一樣。中國並沒有轉變為拼音文字，而是繼續使用圖形文字——每個文字都是不同的字元，所以學習、讀寫中國字是非常困難的。

我們西方人要學習的只有二十六個字母，可中國的孩子在能進行基本的讀寫之前，要記住大約六百多個字呢！

西元六〇〇年左右，中國就發明了印刷術。

有很多發明，世界上其他地方的人聽都沒聽過，而在中國早就開始應用了。大約在耶穌誕生時，中國人就已經會製造絲綢、瓷器和紙張。這時，中國和我們之前讀到的一些國家開始有了貿易往來。中國的絲綢遠銷羅馬和地中海沿岸，大受歡迎。

在西元六〇〇年左右，中國就發明了印刷術，並開始使用印刷機。又過了幾個世紀後，他們還發明了磁針羅盤，這種羅盤對航海的水手幫助非常大。羅盤也叫指南針，你知道它是什麼樣子嗎？它是一種小巧的機械，上面有一個指標總是指向北方。只要知道北方在哪個位置，水手就能知道航行的方向，即便已經駛入漫無邊際的大海，遠離了陸地和海岸線。

或許，你的同學或是鄰居家的孩子就有一個指南針呢，可以請他拿給大家看一看。

中國人還發明了接種預防天花的辦法。天花是一種非常可怕的傳染性疾病，會導致大批的人死亡。他們還是最先發現如何製造火藥的人，火藥就是我們用來做彈藥和煙火的東西。

從上面你可以知道，中國人也許跟西方世界離得很遠，但是他們卻一直忙於發明製作各式各樣的東西，這些東西傳播到世界各地，引起了人們極大的興趣。

校長爺爺小叮嚀

1. 中國也是世界上最古老的文明發源地之一，而孕育了中國文明的河流，則是我們熟悉的「黃河」。
2. 早在西元前一五〇〇年，中國就已經有了文字。
3. 絲綢、瓷器、紙張、印刷術、指南針，都是中國相當重要的發明。

古希臘（4）

雅典的窮人與富人

年代：西元前600年～西元前510年

你知道現在的選舉制度，其實早在古希臘時期就已經出現了嗎？
不過，古希臘時期只有男人有投票權，女人是沒有投票權的。
而且，古希臘的投票制度，甚至可以決定是否流放某個他們不喜歡的人，
如果你生在那個時代，你會喜歡這樣的制度嗎？

每次我看到孩子玩球，總會聽到有人說：「這樣不公平！」似乎總是有選手認為別的選手沒有公平比賽，所以雙方經常會發生爭吵。這時，他們需要一個裁判。

當雅典還是個新興城邦的時候，城裡有兩派人——富人和窮人，也就是貴族和平民，他們經常發生爭執。每一派人都想獲得更多的權力，而且每一派都說對方沒有公平行事。

他們也需要一個裁判。

雅典曾經有過國王，但國王站在富人這一邊，所以雅典人攆走了最後一個國王，從那以後雅典再也沒有國王了。

大約在西元前六〇〇年的時候，雅典的社會狀況變得非常糟，於是大家選出一個名叫德拉古的人來為雅典人制定一套法律。他制定的這套法律叫做《德拉古法典》。

《德拉古法典》裡規定了如何懲罰觸犯法律的人，而這些懲罰異

常嚴酷。如果有人偷了東西，哪怕是一個麵包，不是被罰款或關進監獄，而是被判處死刑！不管一個人犯的過錯有多麼微不足道，都要被處死。德拉古解釋他為何要制定這麼嚴苛的法律時，是這樣說的：「小偷活該被處死，而且應該被處死，而對殺人犯的懲罰應該比處死更為嚴厲，可惜沒有比死刑更嚴厲的懲罰了。」

你能想到《德拉古法典》導致了多少糾紛吧？這部法典實在太過嚴酷，所以後來人們呼喚另一個人來重新制定一部法典，這個人名叫梭倫，他制定的法典非常公正、完備。我們現在總是把議員和參與立法的那些人叫「梭倫」，就是源於這個古代雅典的立法者，不過現在的議員所制定的法律可不見得都是公正合理的了。

可是，人們對於梭倫的法典還是不盡滿意。上層階級的貴族認為法典給了下層人民太多好處，而下層的平民則感覺法典過於袒護上層的貴族了。不過，儘管貴族和平民都對梭倫的法典有所抱怨，他們還是遵從了一段時間。

但是，在西元前五六〇年左右，有個名叫庇西特拉圖的人出現在雅典的政治舞台上，他一個人管理國家所有的事情。他沒有

梭倫於西元前五九四年被選為執政官，為雅典民主政治的發展打下了基礎。他曾經說過：「我的法律既是為出身低下的人服務，也是為出身高貴的人服務的。我的目的是要使每個人都得到公正對待。」

經過任何選舉或任命就自行稱王，而且勢力又很強大，沒有人阻止得了他。這就像一個小孩沒有經過隊員選舉就自立為隊長或裁判一樣。

在希臘，總是有人和庇西特拉圖一樣，做這種自封為王的事情，他們被稱為「暴君」。所以，庇西特拉圖是個暴君。而現在只有那些殘暴不仁的統治者才叫暴君。**庇西特拉圖雖然是希臘人所說的暴君，但他解決了雅典貴族和平民總是爭執的老問題。他並不殘暴，還很公正，事實上，庇西特拉圖就是遵照梭倫的法典來治理雅典的，他還採取了很多措施來建設雅典，改善雅典人的生活。其中一個措施是，把《荷馬史詩》記錄下來，方便閱讀。**而在此之前，人們都是透過口耳相傳的方式知曉這部詩歌的。這項措施非比尋常，因為這樣一來，歷史就能以書面的形式流傳。而在過去只靠口耳相傳，人們必須有良好記憶力才行。

在庇西特拉圖和他兒子執政的一段時間內，雅典人還算配合，保持相安無事。但是後來，他們還是厭倦了庇西特拉圖兒子的統治。於是，在西元前五一〇年，雅典人把所有庇西特拉圖家族的人都趕出了雅典。

古希臘政治家克利斯提尼將選舉權給了每一位男人，不論是窮人或是富人（拍攝者為 http://www.ohiochannel.org/ from 維基百科）。

下一個試圖解決貧富兩派衝突的人名叫克利斯提尼。有時候，要我們記住一個陌生人的名字真的很難，除非我們多聽幾次這個名字。好吧，那我就多說幾遍他的名字，這樣你就能更熟悉一些：

克利斯提尼；

克利斯提尼；

克利斯提尼。

你的父母可能不怎麼有錢，也可能很有錢。

如果他們是窮人，在選舉的時候都可以投上自己的一票。

如果他們是富人，他們倆也各有選票，但只有一票，不會更多了。

如果有人犯法了，不管是窮人還是富人，都得進監獄。可是，情況並不總是如此，就是在現代社會也不見得都是這樣。不過，在古代社會中，情況就更糟了。

克利斯提尼把選舉權給了每個男人——富人和窮人都一樣，但是女人沒有。在古代，女人總是被排除在政治之外的。雖然這樣，雅典人仍然認為克利斯提尼的統治很公正賢明。

克利斯提尼發明了一種「陶片流放制」。如果因為某些原因，人們想要除掉某個人，就把這個人的名字刻在破陶罐的碎片上，然後在規定的日子中，將碎片扔到投票箱裡面。如果選票達到了一定數目，這個人就必須離開雅典，在外面待上十年。這就叫做陶片流放制。

我們現在也經常用「流放」這個詞。如果有個人，大家都不願意理他，也不願意待在他周圍，我們就說他被流放了。

希臘人把陶片投進投票箱。

你有過因為調皮搗蛋，被家人從飯桌上趕走，趕到廚房或自己房間的時候嗎？

如果有，那麼你也曾經被流放過。

! 校長爺爺小叮嚀

❶《德拉古法典》相當的嚴厲，不論犯了多小的過錯，都會被處以死刑，因此在古希臘造成許多糾紛。

❷ 梭倫所訂定的法典，為雅典的民主政治打下了基礎。

❸ 由於庇西特拉圖決定將《荷馬史詩》用文字記錄下來，歷史終於能以書面的形式流傳下來。

古羅馬（2）

趕走國王的羅馬人

年代：西元前509年～西元前500年

不同於古希臘，不論窮人或富人，大家都有投票權。
一開始，古羅馬只有富人擁有投票權，不過後來窮人也擁有了投票權。
然而，當塔克文國王執政時，他認為窮人不該有選舉的權利，
就下令剝奪平民的選舉權。平民不接受這個命令，
因此他們聯合起來將塔克文趕出了羅馬城，古羅馬從此沒有「國王」。

西元前五〇九年，羅馬發生了一件大事。和雅典一樣，羅馬社會也分為兩大階級，富人稱作貴族，窮人叫做平民。我們現在也用貴族來稱呼那些富有和講究氣派的人，而把貧窮的、沒有受過教育的人叫做平民。

一開始，在羅馬只有貴族才有選舉權，窮人是沒有選舉權的。後來，窮人也享有選舉權了。可是，到塔克文國王執政時，他認為窮人不該有選舉的權利，於是就下令剝奪了平民的選舉權。平民不接受這個命令，因此他們聯合起來將塔克文趕出了羅馬城，就像雅典人趕走他們的國王一樣。這件事情發生在西元前五〇九年，塔克文也是羅馬最後一任國王。塔克文被趕走之後，羅馬人建立了「共和政體」，有點類似現在的美國。

不過，他們沒有總統，因為他們擔心只有一個領導者的話，那個

人又想要當國王，而他們已經受夠國王了。

所以，羅馬人每年選出兩個人管理國家，這兩人被稱作「執政官」。每個執政官各有一支十二人組成的衛隊。這些衛隊成員叫「扈從」，每個扈從肩上背著一捆木棒，這捆木棒的中間或是下邊插著一把斧頭。這捆插著斧頭的木棒叫做「束棒」（註 7），代表執政官有懲罰罪犯的權力。他可以用木棒打犯人，也有權用斧頭砍掉犯人的腦袋。在現代社會中，還有一些硬幣和郵票上面有著束棒的圖案。你可能在一些紀念碑或公共建築物上看過用來裝飾和點綴的束棒圖案。

束棒是一捆木棒，中間或下邊插著一把斧頭。

第一任的兩名執政官中，年長一些的那位名叫布魯特斯，他有兩個兒子。這時，被趕走的國王塔克文偷偷回到羅馬密謀奪回王位。他成功說服了一些羅馬人幫他，說也奇怪，這些人中就有布魯特斯的兩個兒子。

布魯特斯發現了這個陰謀，也知道自己的兩個兒子是塔克文的同謀。於是，他把兩個兒子送上了法庭，他們被判有罪。儘管是親生兒子，他還是讓扈從把他倆和其他叛亂者一起處死了。

因此，塔克文想要奪回王位的計畫沒有成功。第二年，他又捲土重來。這次，他聯合了鄰國伊特魯里亞人的軍隊一起攻打羅馬。

註7：束棒（fasces）的音譯為法西斯，二十世紀上半葉被義大利法西斯黨作為標誌使用，由此引出了法西斯主義的說法。

布魯特斯判處兒子死刑（德國畫家菲格爾所繪）。

當時，台伯河上有一座木橋， 這座橋限制了伊特魯里亞軍隊進攻羅馬的路徑。為了阻止伊特魯里亞人過橋，羅馬英雄賀雷修斯下令把這座橋拆毀，而這位英雄已經在之前保衛羅馬的戰爭中失去了一隻眼睛。

這座橋被砍斷的時候，賀雷修斯和他的兩個夥伴還站在橋的盡頭，抵抗著整個伊特魯里亞軍隊的進攻。聽到橋就要被羅馬士兵砍斷的聲音，賀雷修斯命令他的兩個夥伴，在橋坍塌之前飛快的跑回羅馬。

接著，賀雷修斯獨自對抗敵人，直到這座橋徹底倒在河裡。橋坍塌後，賀雷修斯就穿著沉重的盔甲跳入河中，奮力向對岸游去。儘管伊特魯里亞人的亂箭密密麻麻的射向他，儘管身上笨重的盔甲帶著他向下沉，賀雷修斯還是安全到達了對岸。這時，就連敵人也驚歎於他的勇敢，情不自禁的為他高聲歡呼。

有一首非常著名的詩歌叫做《橋上的賀雷修斯》，描述的就是賀雷修斯的英勇壯舉。

賀雷修斯死後沒幾年，羅馬又出現一位出色的人物，叫做「辛辛納圖斯」。他只是台伯河邊一個普通的農夫，靠種幾畝薄田為生。但是他非常聰慧仁德，羅馬人都非常尊敬和信賴他。

有一次，敵人計畫要攻打羅馬——在那個時代，不時有敵人找這樣那樣的藉口去攻打羅馬——人們不得不推選一位領袖和將軍。他們想到了辛辛納圖斯，請他出任「獨裁官」。

賀雷修斯英勇抵抗伊特魯里亞軍隊的進攻，並且命令他的兩個夥伴，在橋坍塌之前飛快的跑回羅馬（法國畫家夏爾・勒・布朗所繪）。

所謂的獨裁官，是羅馬人在緊要關頭推舉出來的人，這個人在危急時刻可以召集和領導軍隊，在萬分危急時，他甚至可以領導全國的民眾。辛辛納圖斯放下了耕田的犁，來到城裡，召集了一支軍隊，出城迎擊，並打敗了敵軍，之後，他又回到羅馬。所有事情從開始到結束不超過二十四小時！

人們為辛辛納圖斯這樣快速、果斷的拯救了羅馬而歡呼雀躍，所以他們想要辛辛納圖斯在和平時期也繼續領導他們。雖然他們非常痛恨國王，但如果辛辛納圖斯願意的話，他們也情願奉他為王。

不過，辛辛納圖斯可不想要這些頭銜。責任完成後，他只想回到妻子的身邊，回到自己的小茅屋和田地裡去。儘管眾人都認為這是千載難逢的好機會，他依然解甲歸田，選擇當普通的農民，而不是國王。

辛辛納圖斯生活在西元前五〇〇年左右，但他的名字流傳千古。美國俄亥俄州的辛辛那提市就是為紀念這位古羅馬人而命名的。

辛辛納圖斯快速、果斷的決定拯救了羅馬，美國俄亥俄州的辛辛那堤市就是為了紀念這位古羅馬人而命名。（拍攝者為 Marc Baronnet from 維基百科）。

校長爺爺小叮嚀

❶ 羅馬國王塔克文因為剝奪平民的選舉權、引發人民不滿，最終被趕出羅馬城，成為了羅馬最後一任國王。

❷ 塔克文國王下台後，羅馬改為共和政體，由兩個執政官掌權。

❸ 羅馬人在緊要關頭會推選出「獨裁官」，以領導全國民眾度過危機。

動動腦，想想看！

看了這麼多有趣的智慧的世代故事，讓我們看看你知不知道這些問題的答案吧！

Q1 古羅馬人認為，羅馬的創建者羅穆盧斯和瑞摩斯是由哪種動物養大的呢？

Q2 古印度實施種姓制度，最高階為哪些人呢？

Q3 哪一位希臘國王決定將《荷馬史詩》用文字記錄下來？

檢查看看，你答對了嗎？

A1 母狼。

A2 僧侶與學者。

A3 庇西特拉圖。

這些問題你都答對了嗎？

答對了，請繼續跟著校長爺爺，一起探索戰爭時代吧！

答錯了別灰心，翻回前面，跟校長爺爺搭上時光機，看看世界的故事！

戰爭時代

西元前500年～西元前100年

征服全世界的夢想

在歷史上，總有人夢想征服全世界，而在古希臘人的眼中，就有一個人幾乎達成了這項壯舉，也就是「亞歷山大大帝」。然而，儘管亞歷山大大帝征服了許多國家，但是當時的人們並不了解世界的原貌，對他們來說，希臘、波斯、埃及，就是全世界，然而，世界比他們想像的還要大多了呢！

馬拉松戰役

當希臘「對上」波斯

年代：西元前500年～西元前490年

你跑過馬拉松嗎？其實，會有馬拉松這項運動，
是為了紀念古希臘長跑運動員費迪皮迪茲在馬拉松戰役的貢獻，
當時沒有網路，也沒有電報，兩地之間傳遞訊息只能靠人力往來的書信傳遞。
長跑運動員費迪皮迪茲就是在馬拉松戰役裡，
透過他即時的傳遞訊息，讓雅典可以獲得勝利。

你知道本章節的名字裡面「對上」的意思嗎？可能你在足球比賽的門票上面見過它吧？通常有兩支隊伍比賽的時候會用這個詞，比如說，哈佛對上耶魯。

「對上」這個詞在這裡是指「對抗」。

從前，在希臘和波斯間有一場重大的競賽，但這不是運動會之類的比賽，而是生與死的較量，是弱小的希臘王國和強大的波斯帝國之間的戰爭。

前面的故事裡講過一位偉大的波斯國王居魯士，他曾征服了巴比倫和其他國家。他不斷地向外征戰，直到波斯統治了世界上大部分地區，除了希臘和義大利。

大約西元前五〇〇年時，一位名叫大流士的人成了龐大波斯帝國的新任國王。有一天，大流士閒來無事拿起地圖，欣賞自己所擁有的疆域，然而他卻發現，即便地圖上好大一片都在他的統治之下，希臘這麼小的國家居然還不屬於他，頓時覺得非常遺憾。

大流士對自己說：「我一定要讓希臘這塊土地為我所有，讓我的帝國版圖錦上添花。」除了這個原因之外，希臘人曾幫助屬國反抗他的統治。大流士說：「我一定要懲罰希臘人，讓他們為自己的所作所為付出代價，然後把他們的國家納入我波斯帝國的版圖。」

他召來女婿，命他遠征希臘。

他的女婿奉命行事，帶著一艘戰艦和士兵出發去討伐希臘了。但是在抵達目的地之前，突如其來的暴風雨把這艘船摧毀了，他不得不返回波斯。

大流士為此非常憤怒，他對女婿大發雷霆，同時也痛斥那個毀掉戰艦的天神。**當時的人不了解自然現象，總認為天氣變化是由神靈操控的。**他下定決心，準備下一次親自率領大軍去討伐並占領希臘。

不過，他先派了信差去希臘所有城邦，要求各個城邦必須送一些泥土和水給他，以此表明他們願意主動把土地獻給他，成為他的屬國，

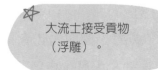

大流士接受貢物（浮雕）。

三排槳戰船。

這樣就不必大動干戈了。

希臘許多城邦都畏懼於大流士的威脅和強權，立刻照他的要求送去了泥土和水。但是小小的雅典和斯巴達，卻都拒絕這樣做。

雅典人抓住大流士的信使，把他扔進井裡說：「那裡是給你的水和泥土，你請便吧！」斯巴達人也是這樣做的。於是這兩個城邦聯合起來，並號召鄰國加入，為保衛自己的國土抵抗大流士和波斯。

大流士準備先征服雅典，再進攻斯巴達。

要到達雅典，波斯軍隊必須先乘船穿過大海。當然，那時還沒有蒸汽輪船，輪船是大約兩千年後發明的。

在那個時代，想讓船前進只有用帆或槳。要造一艘用很多槳行進的大船，就必須要有很多很多的划槳手——要有三排人，上面一排，船兩邊各一排。

這種船叫做「三排槳戰船」，就是說船上要裝有三排槳。而大流士的軍隊要乘船去希臘需要大約六百艘這樣的大型戰船，除了划槳手和船員以外，大約每艘船上有兩百名士兵。你可以自己算算大流士的軍隊有多少士兵，一共六百艘船，每條船上兩百名士兵。不錯，這就是道乘法題——一共是十二萬名士兵。

這一次，波斯人沒有遇到暴風雨，他們划槳穿過大海，安全抵達希臘海岸。他們停泊的地方叫做「馬拉松平原」，這裡離雅典只有大約四十二公里。你很快就會知道為什麼我要強調「四十二公里」這個距離了。

雅典人得知波斯人已經快要兵臨城下，他們急需斯巴達的支援，因為斯巴達人曾經承諾會來幫忙。

可是，那時候可沒有電報、電話或是鐵路。除了派人去斯巴達送信，沒有別的辦法。

他們就找了一個有名的長跑運動員費迪皮迪茲去送信。費迪皮迪茲立即動身，雅典與斯巴達之間的距離大約二百四十一公里。他不分晝夜的奔跑，幾乎沒有停下來休息和吃喝，第二天，他就到了斯巴達。

但是，斯巴達人卻回信說他們不能立刻出發，因為月亮不夠圓，而在非滿月的時候出發會遇到厄運。這種想法是一種迷信，就像現在還有人認為星期五出門旅行不吉利一樣。斯巴達人說他們會等到月圓時再出發。

雅典人等不了了。他們知道波斯人在月圓之前就會到達雅典，一定不能讓波斯軍隊兵臨城下。因此，所有的雅典士兵都離開了雅典城，前往四十二公里以外的馬拉松平原迎敵。

雅典人由米太亞德將軍率領，他們只有一萬名士兵。此外，臨近的一個小城邦一向和雅典友好，願意支援它對抗波斯，他們派來了一千多名士兵，他們匯集了一共一萬一千名戰士。如果你算一算，就會知道波斯士兵大約是雅典士兵的十倍多，也就是說十個波斯士兵對付一個希臘士兵。

不過，我們知道，希臘人都是訓練有素的運動員，良好的生活方式使得他們的身體都非常強健。這一點波斯人可比不上。所以，儘管希臘士兵很少，人數眾多的波斯人卻被他們打敗了，而且是敗得一塌糊塗。當然，一方面是因為希臘人相比波斯人來說，都是受過長期訓練、

大流士坐在寶座上主持會議，據說這圖像表現的是西元前五世紀初，大流士在希臘戰役前召開軍事會議的情景（選自希臘陶罐上的大流士）。

英勇善戰的士兵，但更主要的原因在於——他們是為了保衛自己的家園而戰。

你可能聽說過一個寓言吧？就是獵犬追野兔的故事。野兔跑掉了，獵犬因為沒有抓住野兔而受到了嘲笑。獵犬回答道：「我只是為我的晚餐而跑，野兔卻是為保命而逃啊！」

波斯的戰士不是為了他們遠在大海那邊的家園而戰，對他們來說，誰贏了戰爭都和自己沒多大關係，因為他們大多數都是雇傭兵和奴隸，只是聽從王命行事罷了。

仗打贏了，希臘人當然欣喜若狂。

那位著名的長跑運動員費迪皮迪茲，立刻又從馬拉松平原出發，把令人喜悅的捷報帶回四十二公里以外的雅典去。他一口氣也沒歇息的跑完了這四十二公里。幾天前，他才跑到斯巴達又回來，還沒有時間休息，而這一次他又跑得那麼快，所以當他跑到雅典，氣喘吁吁的把消息告訴街上的雅典人後，馬上就倒地身亡了。

為了紀念這次著名的長跑，現在奧林匹亞運動會上有一個項目就叫做「馬拉松比賽」，在這個比賽中，運動員也要跑同樣的距離——四十二公里。

馬拉松戰役發生在西元前四九〇年，這是歷史上著名的戰役之一，強大的波斯軍隊被區區一個小國和它的鄰居擊敗了，波斯人不得不灰頭土臉的回到自己的國家。

！校長爺爺小叮嚀

1. 波斯國王大流士要求希臘所有城邦獻上泥土與水，表明願意主動把土地獻給他、成為他的屬國，只有雅典與斯巴達兩個希臘城邦拒絕執行。
2. 古希臘時期還沒有蒸汽輪船，戰爭時只能用三排槳戰船。
3. 為了紀念希臘長跑運動員「費迪皮迪茲」在馬拉松戰役的貢獻，因此奧林匹亞運動會增加了馬拉松比賽。

溫泉關戰役（1）

波斯的戰爭狂

年代：西元前500年～西元前480年

儘管大流士在馬拉松戰役輸給了雅典，
但他仍不放棄征服雅典與斯巴達的決心，就連他死後，
兒子薛西斯也繼承了他的信念，試著征服希臘各個城邦。
然而，希臘也明白波斯遲早會進攻，因此也努力的為保護家園做準備，
這場戰爭後來怎麼了呢？一起來聽聽校長爺爺講這段故事吧！

在這場戰爭後，大流士益發惱羞成怒，他更決心要將這群頑固的希臘人置於死地，誰讓他們竟敢和波斯這麼強大的國家對抗！他準備再進攻一次。這次他決定組成世上無敵的陸軍和海軍，還莊嚴的宣誓要滅掉希臘。

他花了好幾年時間來組建部隊和準備物資，但是，突然發生了一件大事，導致他沒能實現誓言。你猜猜是為什麼呢？

原因是，他死掉了。

但是大流士有個兒子名叫薛西斯，薛西斯想要擊敗希臘人的信念和他父親一樣堅定，所以他繼續完成父親的準備工作。

不過，希臘人也下定決心不能被波斯打敗，他們也做好了戰爭的準備，因為他們知道波斯人遲早都會捲土重來。

雅典這時有兩個重要的人物，他們都想成為領袖。一個名叫地米

波斯國王大流士之死。

斯托克利，另一個是阿里斯提德。你注意到沒有，希臘人名字裡有「斯」的人非常多啊！

地米斯托克利督促雅典人做好準備，迎接與波斯之間的下一場戰爭。他非常堅持雅典人要組建一支艦隊，因為他們沒有艦船，而波斯人卻有大量的戰艦。

而阿里斯提德不贊同建造戰艦的方案，他認為這是一項毫無意義的花費，所以堅決反對。

阿里斯提德一向都是睿智公正

雅典人地米斯托克利頭像（西元前五世紀作品，拍攝者為Sailko from 維基百科）。

的，所以大家都叫他「公正的阿里斯提德」。儘管如此，還是有些人想要驅逐他，因為他們認為他對建造戰艦這件事情的看法是錯的，而地米斯托克利是對的，這些人都在等待陶片流放投票日的到來。你還記得是誰確立這個習俗的嗎？我在前面的故事中講過，是大約西元前五〇〇年時，克利斯提尼創立的。

當投票日到來的時候，一個不會寫字、也不認識阿里斯提德的人碰巧請阿里斯提德幫他投票。阿里斯提德問，他想寫誰的名字，那人回答道：「阿里斯提德。」

阿里斯提德沒有告訴對方自己是誰，只是問他：「你為什麼想把這個人趕走呢？他做了什麼錯事嗎？」

「哦，不是的，」那人回答：「他沒做過什麼錯事。」接著，他又長歎一聲說：「只不過總聽人說他『公正』、『公正』的，我實在聽得煩了。」

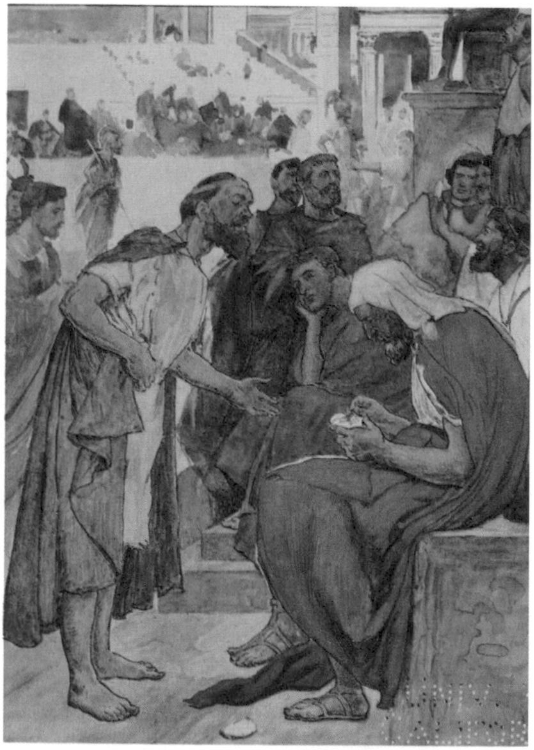

阿里斯提德聽到這樣不可理喻的回答感到非常震驚，不過他還是替這個人寫下了自己的名字，後來統計選票，主張流放他的人數很多，他就被驅逐出境了。

儘管人民想要投票流放阿里斯提德，但他仍然幫這位陌生人在陶片上寫下自己的名字。

雖然流放阿里斯提德似乎並不公平，不過這樣做卻是幸運的，因為地米斯托克利就可以實現自己的主張，雅典人可以繼續為戰爭做準備了。結果證明，這是非常正確的。

他們建造了一批三排槳戰船，而且還聯合了希臘所有的城邦，並做出決議，一旦戰爭爆發，就合力抵抗。而斯巴達由於是著名的戰士之城，所以被推舉為戰爭時的聯軍領袖。

在馬拉松戰役之後的第十年，也就是西元前四八〇年時，強大的波斯帝國再次準備進攻希臘。這一次，波斯集結了來自帝國各地的軍隊，士兵數目比上次十二萬人的軍隊還要多更多，在那個時代，這種數目的軍隊已經是相當大的規模了。

據說這一次，波斯軍隊由超過兩百萬名士兵組成。兩百萬人呢！你想想看這是多麼龐大的數字啊！問題是怎麼把這麼多士兵運到希臘去呢？

用船是不行的，因為即便是最大的三排槳戰船也只能裝幾百人而已，如果都要用船來運的話，好吧，你能算出要把這兩百萬士兵運到希臘需要多少艘船嗎？也許那時世界上所

波斯國王薛西斯（拍攝者為Flickr user dynamosquito from 維基百科）。

薛西斯鞭笞大海。在雨果筆下，這位王中之王當時這樣說道：「你不過是片小窪地，我要辱罵你、毀滅你。」

有的戰船加起來都不夠用。於是，薛西斯決定全軍步行到希臘，雖然路途很漫長，但那是唯一可以繞過大海的方式，他們就這樣出發了。

波斯軍隊在行軍路上遇到一條海峽，樣子有點像寬闊的河流，正好橫穿波斯軍隊必經的道路。這條海峽在那時叫赫勒斯龐特，現在仍然在那裡，你可以在地圖上看到，現在叫「達達尼爾海峽」。達達尼爾海峽上面沒有橋樑，因為它幾乎有一千六百公尺寬，那個時代可沒有那麼長的橋。薛西斯讓士兵把船拴在一起連成一行，又在船上鋪上木板，形成一座橋，軍隊就能從上面穿過海峽了。

就在他剛剛把橋搭好的時候，忽然來了一陣暴風雨，把橋毀了。薛西斯對這場風浪大為憤怒，他下令鞭打達達尼爾海峽的水，就像懲罰敵人或是奴隸。接著他下令另造新橋，這一次水面平靜如常，他的士兵終於安全、順利的穿過了海峽。

薛西斯的軍隊實在是太龐大了，據說這些人分成兩行隊伍，七天七夜不間斷的行走，才全部穿過海峽到達對岸。而薛西斯的艦船沿著海岸，緊跟著部隊前進，最後他們都到達了希臘的北部高原。他們從希臘北部向下俯衝，浩浩蕩蕩的一路殺入希臘腹地，勢如破竹，似乎沒有任何事物能阻擋這支龐大的隊伍了。

！校長爺爺小叮嚀

1. 儘管阿里斯提德被大家稱許為「最公正」的人，仍然因為克利斯提尼所建立的陶片流放投票被希臘驅逐。
2. 古希臘城邦之一的斯巴達，因為是著名的戰士之城，因此被推舉為戰爭時的聯軍領袖。
3. 波斯國王薛西斯率領的軍隊，必須穿過「赫勒斯龐特海峽」才能到達對岸的希臘，這條海峽也就是現今的「達達尼爾海峽」。

溫泉關戰役（2）

以一擋千

年代：西元前500年～西元前480年

你能想像，七千人對戰兩百萬人的情景嗎？
然而，這樣的狀況真的發生在希臘與波斯的溫泉關戰役中，
當時的斯巴達國王率領了七千名士兵，
對戰波斯國王薛西斯所率領的兩百萬大軍，這場戰役正是著名的「溫泉關戰役」，
結局到底怎麼了呢？波斯國王順利征服希臘了嗎？
讓我們一起來看看吧！

波斯人想要到達雅典必須經過一條狹窄的通道，這通道的一邊是群山峭壁，另一邊是湍急的河水。這條通路是個叫做「Thermopylae」的山口。如果你注意到這個詞的前面部分和「thermos bottle」（熱水瓶）這個詞有點像，你就大概能猜到它的意思了。事實上，「Thermopylae」的意思是「溫泉關」，因為在這條通往希臘的天然通道附近，有多處溫泉湧出。

希臘人決定，在波斯軍到達雅典之前，先到溫泉關與他們對壘。在這樣一個據點，少數的希臘戰士就能夠以一當十來對付眾多的波斯士兵。

希臘人還決定派出自己的精兵良將，一支由最勇猛的將軍率領全希臘最好的戰士組成的軍隊，這似乎也是一個明智的決定。

溫泉關戰役，列奧尼達率領僅存一千人勇敢迎戰波斯大軍，最後英勇犧牲（法國新古典主義畫家雅克－路易·大衛所繪）。

斯巴達國王被推選為派往溫泉關的領袖，他名叫列奧尼達，這個名字在希臘語裡的意思是「像一頭雄獅」。隨他同去的有七千名士兵——七千人要去抵擋兩百萬人的進攻！這七千人中有三百人是斯巴達人，**而斯巴達人所受的教育就是永不投降、永不屈服。斯巴達人的母親經常對兒子這樣說：「要麼拿著你的盾牌回來，要麼躺在上面回來。」**

當薛西斯看到自己前進的道路被這群少得不可思議的士兵擋住時，感到很可笑，就派使者去勸他們投降。

你猜列奧尼達是怎麼回答的？

那是我們意料之中的斯巴達人的回答，簡潔卻切中要害，拉科尼式的回答。他簡單的說了句：「來抓我們吧！」

薛西斯別無他法，只好命令軍隊向前挺進。

戰鬥持續了兩天兩夜，但是，列奧尼達仍然帶兵堅守著這條要道，波斯人無計可施。

這時，希臘有個可恥的懦夫背叛希臘，為了活命和得到薛西斯的獎賞，他向波斯人洩露了山上的一條祕密通道，這樣，波斯軍隊就可以繞過關口的希臘人，從山上向下俯衝，包圍擋路的列奧尼達和他的戰士。

第二天早上，列奧尼達得知波斯人已經發現了祕道，並且已經從背後向他們包抄過來。這時，他和戰士還來得及逃離，於是，他叫所有想要逃走的人馬上離開。堅持留下的人都清楚的知道，戰爭是必輸無疑了，所有留下的人都要死。儘管如此，還是有一千人願意堅守在他們領袖的身邊，其中包括所有三百名斯巴達人。他們說：

「我們的任務是守住要道，不管發生什麼，斯巴達人都會服從命令，絕不投降！」

列奧尼達和他的一千名勇士浴血奮戰，堅持到最後一刻，最後只剩下一個人活著回到希臘。（註 8）

就這樣，通往雅典的大門被打開了，形勢對希臘人變得不利，因為再沒有什麼能夠阻擋波斯軍踩著列奧尼達將士的屍體，長驅直入了。不知所措的雅典人慌忙跑去德爾斐神廟，尋求神的啟示。

神諭的回答是，雅典城將要滅亡，將被摧毀，在劫難逃，但是雅典人卻會被木牆拯救。

這個回答，和神諭通常的回答一樣，像個難解之謎。可是，地米斯托克利說他明白。你還記得吧，就是他曾經極力主張要組建艦隊。地

註8：電影《三百壯士：斯巴達的逆襲》描述的正是這場溫泉關戰役。

薩拉米斯之戰（德國畫家威廉·凡·考爾巴赫所繪）。希臘戲劇家埃斯庫羅斯如此描繪這場戰役：「我們能夠聽到響徹雲霄的呼喊：『前進吧！希臘的兒女們！去解救你們的妻子與孩子，神靈的聖殿和祖先的墓塚；這是一場至高無上的戰鬥。』」

米斯托克利說，神諭所講的木牆就是指這些艦船。

於是，雅典人聽從了地米斯托克利的安排，遵照神諭離開了他們的城市，逃到離城不遠的薩拉米斯海灣的戰船上躲避。

波斯大軍到了雅典，發現它竟然成了一座空城。如神諭所說的，他們焚毀了雅典城。接著，他們行軍到了薩拉米斯灣，就是雅典艦船停泊的地方。薛西斯在一座能夠俯瞰海灣的小山坡上搭起寶座，這樣他就能夠坐在那裡觀看自己強大的艦隊摧毀滿載著全城雅典人的小小希臘艦隊，就像在劇院的包廂裡欣賞一齣戲。

希臘人的艦隊由地米斯托克利率領，他們的船隻就在這窄窄的海灣裡面，就像列奧尼達和戰士們在溫泉關的狹窄山谷裡面一樣。

地米斯托克利看到薩拉米斯海灣和溫泉關通道有幾分相似，他想出一個主意。他假裝成溫泉關戰役時，叛變的那個懦夫，投靠薛西斯，且獻計說：如果波斯艦隊分為兩部分，一半待在海灣的前頭，另一半守住海灣的另一頭，希臘人就會被夾擊在中間，成為網中之魚。

薛西斯覺得這是一個好主意，就下令讓他的艦隊按照地米斯托克利說的去做。但是，得意洋洋的薛西斯卻遇到了人生中最大的意外。結果正與他設想的相反。隨著波斯人的艦隊分為兩部分，中間的希臘人可以分別對付兩頭的波斯艦隊，而由於海灣狹窄，波斯人的艦船互相撞在一起，很多船都沉了下去。

波斯人的艦隊徹底被打敗了，不可一世的薛西斯帶著剩下的海陸大軍，從原路狼狽的逃回了波斯。

這是波斯人最後一次企圖占領希臘這個小國。

如果地米斯托克利沒有當權，他就不能建立這樣強大的艦隊，你想想雅典和希臘將會是怎樣的命運啊！

！校長爺爺小叮嚀

1. 知名的「溫泉關戰役」就是由斯巴達國王列奧尼達率領七千名士兵，對抗波斯軍隊兩百萬人的進攻。
2. 地米斯托克利假裝成希臘叛徒，向波斯國王薛西斯獻計，將波斯軍隊分為兩半，讓希臘人可以一一突破。
3. 地米斯托克利率領希臘人迎戰波斯的「薩拉米斯之戰」，也是波斯最後一次企圖占領希臘的戰役。

古希臘（5）

黃金時代

年代：西元前480年～西元前430年

經過了溫泉關戰役後，希臘進入了「黃金時代」。
你知道什麼是「黃金時代」嗎？其實，黃金時代並不是指當時的人發現了很多黃金，
而是指當時呈現出最繁華、美麗、強盛的狀態，
所以我們用「黃金時代」來形容，
讓我們一起來看看古希臘的黃金時代吧！

我在講石器時代和青銅時代的故事時，曾提到了黃金時代，可是那到底是什麼情況呢？

那麼，我們現在就來講講黃金時代的故事吧！黃金時代並不是指某個時期都使用黃金做成的物品，也不是說他們有大量的黃金。它的意思是……還是讓我們來看看那是個什麼樣的時代吧，這樣你就會明白。

與波斯的戰爭結束後，雅典人被勝利的喜悅激勵著去創造各種美妙的事物。在波斯人被趕出希臘後的五十年，也就是西元前四八〇年到前四三〇年，是希臘歷史上最興盛的時代，可能也是歐洲歷史上最輝煌的時代。

雅典城被薛西斯的軍隊焚毀了，這在當時似乎是可怕的災難，但事實並非如此。他們馬上開始重建，把雅典建成比以前更美麗、更繁華的城市。

黃金時代雅典領袖伯里克利。

這個時候，雅典的領袖人物是伯里克利，他既不是國王也不是統治者，而是非常有智慧的演說家，和很受群眾歡迎的領袖。他認為怎樣做最好，雅典人就會照他說的那樣去做。他就像個極受愛戴的球隊隊長，自己就是個好球員，還能使隊友都發揮出最好的水準。

雅典就是他的球隊，他把這支隊伍訓練得非常好，每個球員都能在自己的位置上發揮最大的能力。有些人成了偉大的藝術家，另一些人成為偉大的作家，還有一些人成為偉大的「哲學家」。你知道哲學家是什麼樣的人嗎？他們是聰明、睿智的男人或女人，學問淵博，熱愛知識。

藝術家建造了美麗的房屋、劇院和神廟。他們為希臘的男神和女神塑造了精美的雕像，把這些雕像放在建築物上和城市的四周。

哲學家告訴別人怎樣才能變得明智和善良。

作家創作了許多優美的詩歌和戲劇。和我們現在的戲劇不一樣，那時的戲劇講的都是關於神靈的事情。

劇院和我們現在的也不一樣，那時的劇院幾乎都是露天的，一般都是建在小山旁邊，為的就是要讓劇院的看台正對著舞台。這樣的劇院很少或根本沒有戲劇佈景，也沒有樂隊，只有一群歌手合唱來為演員伴奏。演員都戴著表示喜怒哀樂的面具，當要表示滑稽可笑就戴上咧嘴而笑的滑稽面具，想表示悲痛就換上愁眉苦臉的悲劇面具。

你可能見過這些面具的圖片，因為現在的劇院裡面有時也用這樣的面具當裝飾。

雅典是因女神雅典娜命名的，據說雅典娜一直在照看和守護著這座城市。所以，雅典人認為應該為祂建造特別的神廟。於是，他們特地在阿克羅波利斯山（現在稱為雅典衛城）的山頂上建造了一座神廟。這神廟因雅典娜而被命名為帕德嫩神廟，「帕德嫩」在希臘語裡的意思是「少女」，而少女也是對雅典娜的稱呼之一。

古希臘雕刻家菲迪亞斯在帕德嫩神廟內製作的雅典納雕像已經不知所終。

有些人認為，帕德嫩神廟是世界上數一數二的美麗建築，不過你從照片上看到時，它已經毀壞得很厲害。這座神廟的中央有一座巨大的雅典娜雕像，是由名叫菲迪亞斯的雕刻家用黃金和象牙製成的。據說，正如帕德嫩神廟是世界上最美麗的建築，這座雕像也是世界上最美麗的雕像。但是它現在已經不知所終，沒人知道它變成了什麼樣子。我們能想到，那些黃金和象牙對盜賊來說，會是多大的誘惑，他們可能一塊一塊的把它偷走了。

菲迪亞斯在帕德嫩神廟外也製作了很多雕塑，可是現在，大部分都被挪走了，有些陳列在博物館中，還有些遺失或被毀壞了。

帕德嫩神廟的雅典娜雕像和其他雕刻品使得菲迪亞斯聲名遠播，所以他被請去為眾神之父宙斯製作雕像，這座雕像被放在奧林匹亞山上，就是奧林匹亞運動會舉辦的地方。

帕德嫩神廟。

他刻成的宙斯雕像甚至比那具雅典娜的雕像還要精緻，幾近完美，因此被稱作世界七大奇蹟之一。你還記得吧？埃及的金字塔和巴比倫的空中花園也是世界七大奇蹟中的其中兩個。有趣的是，這三大奇蹟分別位於不同的大陸。你能說出它們哪個在非洲大陸，哪個在亞洲大陸，哪個在歐洲大陸嗎？

菲迪亞斯被稱為歷史上最偉大的雕刻家，但是他卻犯了一個希臘人無法饒恕的罪行。在我們看來，他的做法也不算大錯，但是希臘人對錯的觀念與我們不同。這就是他的「罪過」：在製作雅典娜雕像的盾牌時，菲迪亞斯在上頭刻下了他和朋友伯里克利的頭像。那只是盾牌上的點綴而已，幾乎沒有人會注意到。但是，在希臘人的觀念中，把人類的形象刻在女神的雕塑上是褻瀆聖物的行為。當希臘人發現菲迪亞斯做了這件事，就把他關進監獄，而他最終死在牢裡。

左／多立克式。中／愛奧尼亞式。右／科林斯式。

希臘人在建築中使用各種各樣的圓柱，這些圓柱現在也常被用在許多公共場合或一些私人建築物裡。我來告訴你每一種圓柱的樣子，看看你能找到多少。

帕德嫩神廟裡面圓柱的建築風格是「多立克式」的。

圓柱的頂端稱作柱頭，而多立克式圓柱的柱頭，形狀像是一個碟子，碟子上面蓋著一個正方體。圓柱的底部沒有基石或是墊塊，而是直接立在地板上的。因為多立克式的圓柱非常樸素簡潔，充滿陽剛之氣，所以是男性化的風格。

第二種圓柱的風格是「愛奧尼亞式」。

愛奧尼亞式圓柱的柱頭有一個方形的基座，在這基座下面的柱頭上有些捲曲的裝飾物，圓柱下面也有塊基石。這種圓柱比多立克式圓柱更加纖細修長，也有更多的修飾，所以被認為是女性化的風格。

第三種圓柱的風格是「科林斯式」。

科林斯式圓柱的柱頭比前兩種圓柱都要高，而且有更多華麗的裝飾。據說，第一位製作這種圓柱的建築師是偶然看到小孩墓前擺放裝滿玩具的籃子而獲得了靈感。籃子上蓋了一片瓦片，恰好又放在一棵莨苕的根上，莨苕的葉子越長越大，由於籃子上蓋著的瓦片阻止主莖向中間生長，莖葉便向外彎曲，把籃子圍在了中間，這個籃子看起來就非常漂亮。建築師想，用這個圖案做柱頭肯定很美，於是他就做了。

我曾經把這三種圓柱的樣子告訴幾個男孩，讓他們去找找，看周圍是不是有這樣的圓柱，看誰找到的最多。第二天，一個男孩說他曾經看到過兩個愛奧尼亞式的圓柱，就在他家房子的兩邊。還有一個孩子說在銀行看到了十根多立克式圓柱，但是第三個孩子說他看到過一百三十八根科林斯式圓柱。

我問他：「你在哪裡看到這麼多柱子呢？」

他回答說：「上學途中我數了一路的燈柱，它們都是科林斯式圓柱。」

希羅多德塑像。

伯里克利有一個名叫希羅多德的朋友，他以希臘文字寫下了世界上最早的歷史。因此，希羅多德被稱為「歷史之父」，如果你以後學習希臘文的話，可能就會讀到希羅多德這本歷史書的原始版本。不用說，那個時候可記載的歷史很少。現在所發生過的事情那個時候還都沒發生呢。他寫下了埃及和古代世界上其他地方的歷史。其中有些地方非常遙遠，大多數希臘人都沒去過，比如有個叫庫施的地方在非洲，埃及的南邊。希羅多德所寫的歷史，大部分內容是描述希臘與波斯之間的戰爭經過，也就是我前面才講過的那段歷史。

在那個時代，每隔一段時間就會爆發可怕的傳染病，叫「瘟疫」。當瘟疫爆發的時候，人們會大規模的染病，成千上萬的人會死去，那時的醫生對瘟疫所知甚少，根本不知道怎麼治療。伯里克利親自去護理病患，為照顧這些病人盡心盡力，但是最終也染上瘟疫，病死了。這就是黃金時代的終結，為了紀念這位偉大的人物，這個時代也稱為「伯里克利時代」。

！校長爺爺小叮嚀

1. 希臘雅典城，正是以智慧女神雅典娜的名字所命名。
2. 希臘雕刻家菲迪亞斯所雕出的宙斯神像幾近完美，被譽為世界七大奇蹟之一。
3. 希羅多德被譽為「歷史之父」，他用希臘文寫下了世界上最早的歷史紀錄。

伯羅奔尼撒戰爭

當希臘人遇上希臘人

年代：西元前431年～西元前404年

希臘的黃金時代為什麼會結束呢？原因你可能猜不到，是因為
希臘內部的城邦嫉妒雅典的輝煌與燦爛，希望自己也能擁有這樣的武力優勢。
因此，為了爭奪雅典在薩拉米斯海灣擊敗波斯人的戰艦，
斯巴達聯合了其他城邦，進攻雅典，
最終也導致了希臘黃金時代的結束。

雅典空前輝煌的黃金時代僅僅持續了五十年。

你猜猜為什麼黃金時代會結束呢？

事實上，結束的主要原因是一場戰爭。

不過，這場戰爭並不是希臘和其他國家（比如波斯）之間的戰爭。對戰的雙方是曾經有友好關係，但大多時候不太友好的兩個城邦——斯巴達和雅典。這是希臘內部的紛爭，開戰的原因是斯巴達嫉妒雅典。

你知道，斯巴達人都是優秀的戰士，而雅典的戰士也很傑出。但是自從地米斯托克利在薩拉米斯海灣用戰船擊敗了波斯人，雅典就有了一支上等的艦隊，斯巴達卻沒有。而且，雅典還成為了全世界最美麗、文明最發達的城市。

斯巴達並不關心雅典那些華美的建築和教育、文明程度，這些都

引不起它的興趣，斯巴達眼紅的是雅典的艦隊。斯巴達位在內陸，不像雅典臨近海域，所以，斯巴達沒必要有一支艦隊。但它不想讓雅典占了上風，因此，斯巴達聯合了周圍的城邦，以雅典擁有艦隊為藉口，對雅典開戰了。

斯巴達位於希臘的一個島上，這個島的名字很複雜，叫伯羅奔尼撒半島。那時，人們可不覺得這個名字很長，因為他們對這個名字很熟悉，就好像你熟悉美國的麻塞諸塞州一樣。麻塞諸塞州這名字也很複雜，可是因為你熟悉就不覺得了，但是麻塞諸塞州這名字對於希臘人就如同伯羅奔尼撒對你而言一樣麻煩。雅典和斯巴達的這場戰爭叫做伯羅奔尼撒戰爭，這是因為和雅典對戰的不僅僅是斯巴達，而是整個伯羅奔尼撒半島的城邦。

一場戰爭如果持續個四、五年就算是相當長的了，但是伯羅奔尼撒戰爭打了整整二十七年！有句諺語說：「當希臘人遇到希臘人，定有一場大戰。」（兩強相遇，其鬥必烈）這句話的意思是說，像雅典和斯巴達這兩個邦在戰場上相見，實力相當，誰能知道勝負如何呢？

這二十七年中的所有戰事，我就不講了，就說說這場漫長的、血流成河的戰爭的結果吧。戰爭使得兩個城邦都元氣大傷並走向了衰落，雅典的繁榮消失殆盡。儘管斯巴達占了上風，卻也沒有得到好處，因為伯羅奔尼撒戰爭毀了雙方，這就是戰爭的結果！

這場戰爭期間，雅典出現了名叫蘇格拉底的人。很多人都認為，他是古往今來最明智、道德最高尚的人之一。人們稱他為哲學家，他在雅典城裡到處講什麼是對的、什麼是應該做的事情。但是，他不是簡單的「告訴」別人什麼是正確的，而是透過問問題的方式，讓他們自己找到答案，知道他想表達什麼。這種主要透過詢問來教育他人的方法，自此後被稱為「蘇格拉底問答法」。

蘇格拉底的鼻子短扁上翹，還是個禿頭，長得非常醜，可是他很受雅典人的歡迎。這可是很難得的，因為雅典人熱愛漂亮的臉蛋、美麗的雕像等一切美麗的事物，蘇格拉底的外表怎麼也和美搭不上邊。所以，一定是蘇格拉底性格中的美好，使他們忽略了他醜陋的外貌。就像我知道有些孩子認為他們的女老師非常美麗，僅僅是因為他們敬愛這個特別善良、和藹的老師，而實際上她一點都不漂亮。

蘇格拉底的妻子名叫贊西佩，是個脾氣很暴躁、愛發牢騷的潑婦。因為蘇格拉底不去工作賺錢，她就認為他整天遊手好閒，是在浪費時間。有一天，她又大罵蘇格拉底，聲音很大， 蘇格拉底無奈只好走出家門，她又從樓上把一桶水倒在他身上。而從來吵架不還口的蘇格拉底

上／蘇格拉底頭像。

左／蘇格拉底的妻子正將一桶水倒在他頭上（荷蘭畫家布盧姆芒達埃爾所繪）。

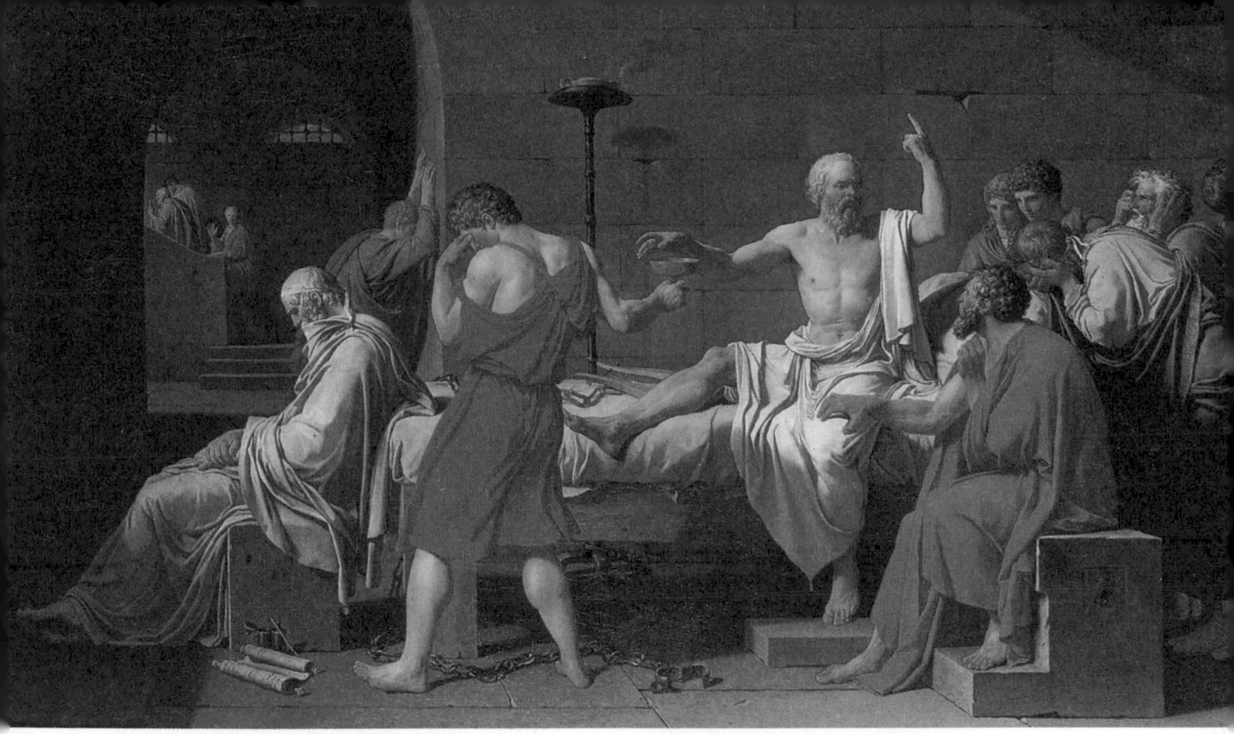

古希臘哲學家蘇格拉底因主張無神論和言論自由，而被誣陷引誘青年、褻瀆神聖，最後被判處服毒自盡。眾人勸他逃走，均遭嚴正拒絕，最後他當著弟子的面從容服毒自殺（法國畫家雅克－路易·大衛所繪）。

只是自言自語的說：「響雷之後，必有暴雨。」

蘇格拉底不信仰希臘人的眾多神靈，比如宙斯、阿芙蘿黛蒂和其他神靈。但是他很小心，沒有把這個想法說出來，因為希臘人在這點上非常認真，不允許任何人反對神靈。你記得吧？菲迪亞斯因為把他的頭像刻在雅典娜女神雕像的盾牌上就被關進監獄了。如果有人教育年輕人不信仰這些神靈，那可是會被處死的！

但是正如蘇格拉底所擔心的，他還是受到指控，說他不信仰希臘眾神，並且教唆他人不信仰眾神。為此，他被判處死刑，奉命喝下一杯毒堇汁。這是一種致命的毒藥。蘇格拉底的學生——當時稱為門徒——希望他拒絕喝下毒藥，但是他不願違抗命令。於是，在蘇格拉底將近七十歲，所有門徒圍繞在身邊的時候，喝下了那杯毒堇汁，死去了。

雖然蘇格拉底生活在千百年前，但他所堅信和宣導的事物至今為人們所篤信。他的信念之一，就是每個人內在都有「良知」，良知可以告訴我們什麼是對，什麼是錯；我們並不需要從書本或別人那裡才能得知對錯。

他宣揚的另一個觀念是人死後有另一個世界存在，肉身死亡，靈魂還活著。

難怪他不畏懼死亡呢！

校長爺爺小叮嚀

1. 由於斯巴達忌妒雅典，導致希臘內部城邦紛爭，因而結束了雅典空前輝煌的「黃金時代」。
2. 許多人認為，古希臘哲學家蘇格拉底是古往今來最明智、道德最高尚的人。
3. 古希臘哲學家蘇格拉底被指控不信仰希臘眾神，最後被判處服毒自盡而亡。

馬其頓帝國

智者和愚人

年代：西元前359年～西元前336年

「鷸蚌相爭，漁翁得利」，你聽過這句話嗎？
這句話的意思就是，雙方有所爭執時，卻是第三方得利。
馬其頓帝國正是雅典與斯巴達戰爭中的獲利者，
它趁著兩個城邦互相征戰、蕭條的時候，
一步步的將希臘納入自己的版圖中，成為全希臘的統治者。
這當中到底發生了什麼事呢？一起跟校長爺爺來看看吧！

你有過這樣的經歷嗎？你和朋友正在院子裡玩，有個陌生的男孩一直在圍牆的那頭看著，他忽然開口說想進來和你們一起玩，還說要教你們該怎麼玩。你們不希望他在旁邊看，也不想和他一起玩，但是不知怎麼的，你就讓他加入了，而且很快他就成了你們的頭頭。

同樣，在希臘的北部有個名叫菲利普的人，他一直在旁邊觀望斯巴達和雅典打仗——而不是玩耍，他想要加入這場比賽。菲利普是一個叫馬其頓的小國家國王，但是他也很想當希臘的國王，而斯巴達和雅典的戰爭對他來說是個好機會。這兩個城邦在伯羅奔尼撒戰爭後開始蕭條、衰落，他可以趁這個機會一躍而上。菲利普能征善戰，但除非萬不得已，否則他不想和希臘人作戰。他想透過和平的方式當上希臘的國王，希望希臘人欣然同意。於是他想出了一個計謀。

馬其頓國王菲利普二世是馬其頓帝國的締造者，也是讓對手聞風喪膽的「馬其頓方陣」的發明者。他不僅善於馳騁戰場，建功立國，還是有史以來最為成功的教育家，他培養出的好兒子正是有「世界之王」之稱的亞歷山大大帝。

你從前面的故事中知道了希臘人有多麼痛恨波斯人吧？在大約一百年前，他們把波斯人趕出去，菲利普也非常清楚這一點。

雖然和波斯的戰爭已經過去很久了，希臘人從未忘記他們祖先的英勇以及對抗波斯人獲得勝利的故事。他們的祖父母和父母親把這些故事一遍又一遍的講給他們聽，他們也非常喜愛這個故事，把希羅多德寫的歷史讀了一次又一次。

於是，菲利普對希臘人說：「不可否認，你們的祖先將波斯人趕出了希臘。但是波斯人回到了他們的國家，你們的祖先應該乘勝追擊，好好教訓一下他們。可是你們甚至沒有想到過要報復。何不現在到波斯去征服他們呢？要讓波斯人為所作所為付出代價啊！」

接著，他又狡猾的補充說：「讓我來幫助你們吧，我會帶領你們對付他們的。」

沒有人看穿菲利普的計謀，除了一個名叫狄摩西尼的雅典人。

當狄摩西尼還是個小男孩的時候，他就決定要成為偉大的演說家或者叫雄辯家，就像你可能也經常說自己長大了要做醫生、飛行員或老師那樣。

狄摩西尼選擇了最不適合自己的職業。首先，他的聲音又柔和又微弱，很難聽清楚他在說什麼。除此之外，他還有嚴重的口吃，即便背誦一首短詩也總是結結巴巴的，常常被其他人嘲笑。因此，他立志成為偉大的演說家似乎太荒謬了。

但是，狄摩西尼靠自己練習，練習、練習，再練習。他到海邊去，撿塊鵝卵石放進嘴裡，這樣，想把話說清楚就更難了。然後，他對著呼嘯的海浪講話，假裝對著一群憤怒的民眾發表演說。為了不讓群眾的喧譁吵嚷淹沒自己的聲音，他必須要非常大聲才行。

透過持續練習，狄摩西尼真的成了非常偉大的演說家。他的演說異常精彩，以至於他想要聽眾哭就哭，想讓聽眾笑就笑，他想要聽眾做什麼，就可以說服他們去做。

這時，只有狄摩西尼看出菲利普征服波斯這個提議是個陰謀。他知道菲利普真正的目的是要當上希臘的國王，因此發表了十二篇演說來反對他。這些演說都是用來攻擊菲利普的，所以被稱為「菲利普演說」。由於這些演說非常著名，**直到今天我們還把這種激烈痛斥和抨擊他人的演說叫「菲利普演說」。**

狄摩西尼面朝大海放聲演講（法國浪漫主義畫家德拉克洛瓦所繪）。

亞歷山大威武的戰馬布西法爾。

希臘人在聽演說的時候都相當怒火中燒，激烈反對菲利普，但一離開狄摩西尼的影響範圍，希臘人就變得毫無鬥志，也不阻止和反對菲利普。

最終，儘管狄摩西尼做了一切努力，菲利普還是成了希臘的國王。

雖然菲利普曾保證過要帶領希臘人征服波斯，但還沒準備之前，就被自己人殺死了，所以他無法將自己的計畫付諸實行。

菲利普有個兒子叫亞歷山大。菲利普死的時候，亞歷山大只有二十歲，但是在父親死後，他就成了馬其頓和希臘的國王。

亞歷山大還是個小孩子的時候，他看到有人試圖馴服一匹年輕的野馬，但是只要有人接近，馬就受驚直立，暴跳不已，因此沒有人能夠騎上去。亞歷山大請求父親讓自己也試試。他父親覺得兒子的請求很可笑，那麼多年紀比他大得多的人都做不到，何況是一個小孩？但他還是同意了亞歷山大的請求。

實際上，亞歷山大注意到了沒人注意到的細節。這匹馬似乎害怕自己的影子，年輕的小馬總是很容易害怕那些移動的陰影，這和小孩子害怕夜晚的黑暗是同樣的道理。

亞歷山大牽著小馬轉了個身，讓牠正對著太陽，這樣影子就在後

亞歷山大騎著布西法爾打敗波斯軍隊。

面，看不到了。接著，他騎上馬，輕而易舉的馳騁起來，所有人都驚訝得目瞪口呆。

亞歷山大的父親為兒子的聰慧感到欣喜萬分，於是他把這匹小馬作為獎勵送給了亞歷山大。亞歷山大幫這匹馬取名叫布西法爾，他非常喜愛這匹馬，還在這匹馬死後為牠建造了紀念碑，並以牠的名字為幾個城市命名。

亞歷山大的確是很優秀的孩子，但是有些人認為這和他有個傑出的老師有關，這位老師的名字是「亞里斯多德」。

亞里斯多德大概是從古至今最偉大的老師了。如果有更多像亞里斯多德那樣了不起的老師，大概會有更多像亞歷山大這樣優秀的學生。

亞里斯多德（左）正在輔導他的學生亞歷山大（右）（象牙雕刻）。

亞里斯多德寫的書涉及了各種不同的領域，有關於星球方面的書稱作「天文學著作」，動物方面的書稱為「動物學著作」，還有一些你可能聽都沒聽過的其他學科著作，比如：心理學和政治學等等。

千百年來，亞里斯多德寫的這些書都作為學校的教材，在很長一段時間中，這些書也是學生唯一的教科書。而現在，教科書通常用不了幾年就換新的了。亞里斯多德的課本卻用了那麼長時間，多麼了不起啊！

亞里斯多德曾有位老師叫柏拉圖，他既是偉大的老師也是著名的哲學家。而柏拉圖曾是蘇格拉底的弟子，所以，也可以說亞里斯多德是蘇格拉底的「徒孫」。你已經聽說過東方的智者，而以下這是希臘的三位智者：

蘇格拉底，

柏拉圖，

亞里斯多德。

也許將來有一天，你會讀到他們在兩千多年前寫的書和說過的話。

走出雅典學院的柏拉圖（左）和他的學生亞里斯多德（右）。柏拉圖生於雅典，父母都出身名門望族，受過良好的教育。在大約二十歲時，柏拉圖成了蘇格拉底的追隨者，成了智慧的熱烈追求者。之後，他在雅典城外西北角的阿卡德摩建立柏拉圖學園，開創了西方學術自由的傳統。

! 校長爺爺小叮嚀

❶ 雅典演說家狄摩西尼發表了十二篇演說，用來攻擊馬其頓國王菲利普，因為這些演說非常著名，因此現今會把激烈痛斥、抨擊他人的演說叫做「菲利普演說」。

❷ 亞里斯多德所寫的著作，在千百年來都被作為學校教材。

❸ 亞里斯多德曾經是柏拉圖的學生，柏拉圖則曾經是蘇格拉底的學生。

亞歷山大大帝

一位少年國王

年代：西元前336年～西元前323年

馬其頓帝國的亞歷山大國王為什麼會被稱為「大帝」呢？
原來，自從他登上王位後，便四處征戰，當時希臘人知道的地方，
都被亞歷山大給征服，並且開始學習希臘的文化與語言，
亞歷山大大帝影響的範圍相當大，廣泛的傳播希臘文化，
因此被尊稱為「大帝」。

你想想，當你二十歲的時候，你會做什麼呢？是在上大學嗎？

還是已經工作了，或是在做別的事情呢？

當亞歷山大二十歲的時候，他已經成為馬其頓和希臘的國王了。但是馬其頓和希臘對這位傑出的年輕人

亞歷山大獵獅時的英姿。亞歷山大一生的征服改變了世界歷史，他使古希臘文化統治近東長達一千年之久。

來說都太小了，他想要統治更大的國家。事實上，他想要統治整個世界，也就是地球。

於是，亞歷山大著手進行父親征服波斯的計畫，這一次波斯要為一百五十年前最後的侵略付出代價了。

他組織了一支軍隊，穿過達達尼爾海峽到了亞洲，與到前線阻止他們的波斯先遣部隊展開了戰爭，並連連獲勝。他一路不停的行進，不斷深入波斯這個龐大的帝國。很快的，他到達了一個城鎮，那裡有座廟宇，廟裡有根繩子，這繩子因為打了非常奇怪的結而遠近聞名。這個繩結叫「哥帝安之結」，神諭說：「能打開它的人會征服波斯。」可是，一直沒有人能解開。

亞歷山大聽說這個故事後，到廟裡看那個繩結，他一眼就看出是不可能解開的。於是，他試都不試，直接拔出劍來，一劍把繩結砍成了兩段。

現在，當有人以快刀斬亂麻的方式，乾脆俐落的解決了所有困難，而不拘泥於瑣碎的細節，我們就會說他「砍斷了哥帝安之結」。

從此之後，亞歷山大征服了一個又一個的城市，重要的戰鬥中從未打過敗仗，直到征服了整個波斯。接著，他的大軍開進了埃及，那時埃及是屬於波斯的，他也征服了埃及。為了慶祝這次勝利，他在尼羅河入口處創建了一座城鎮，並以自己的名字命名為亞歷山大城。他還建立了一個很大的圖書館，後來這座圖書館變得越來越大，據說有五十萬冊藏書，可說是古時候最大的圖書館了。這裡的書和亞述巴尼拔圖書館中的書不同，當然也和我們現在的書不一樣，因為當時還沒發明印刷術。那時候書裡的每個字都是手寫的，書也不是一頁一頁的，而是用木棍捲起來的長長卷軸。

亞歷山大城裡有個港口，港口裡有一座小島叫法洛斯島。這個島右／亞歷山大斬斷「哥帝安之結」。
下／亞歷山大與波斯作戰（法國洛可可時代代表畫家安東尼·華鐸所繪）。

在若干年後建了一座著名的燈塔，以小島的名字命名為法洛斯。相較於其他燈塔，這座燈塔更像是一座現代的摩天大廈。它有三十多層樓那麼高。這在當時是非常不同尋常的，因為當時的建築大多都只有一、二層樓高，光在幾十公里外都可以看到。亞歷山大的法洛斯燈塔也被稱為世界七大奇蹟之一。你已經聽過其中的三大奇蹟了吧，這是第四個了。

在這個時期，亞歷山大城發展起來，成為古代世界上最大、最重要的海港。不過，到了今天，法洛斯燈塔、圖書館以及所有這些古代的建築物都早已不復存在。

亞歷山大沒有在任何一個地方久留。他是個閒不住的人，總想要繼續前行。他想看到陌生的土地，想征服新的民族。他幾乎把自己的馬其頓小國和希臘都拋諸腦後了。和別人不一樣，他一點都不想家，相反的，他一天天的遠離家園，不斷向遠方前進。我們通常把這樣的人叫做

亞歷山大的法洛斯燈塔，這座燈塔在一三四九年因地震倒塌而沉入海底。

冒險家或是探險家。亞歷山大就這樣征服了一個又一個地方，直到到達了遙遠的印度。

到了印度後，一直跟隨他東征西戰的戰士都開始思念家鄉，想要回家。他們已經離開家十多年了，現在又離家這麼遠，都擔心再也回不去了。

亞歷山大這時只有三十歲，但他卻被稱作亞歷山大大帝，因為他是整個世界的統治者——至少對大多數希臘人來說，他們所知道的地方都已被他征服了。除了義大利，那時候的義大利只是一些微不足道的小城鎮罷了。當亞歷山大發現沒有更多的國家可以征服的時候，他失落萬分，竟然痛哭起來！

最終，當沒有地方可以征服了，他同意了戰士的請求，開始踏上了回希臘的漫漫旅程。他到達了巴比倫這座曾經無比強大和輝煌的城市，在那裡他舉行了盛大的慶祝宴會，就在縱情享樂的時候，他突然死去了。他始終沒能回到希臘。（註 9）

註9：亞歷山大大帝的遺骸據稱埋在埃及的亞歷山大城，卻在西元四世紀左右離奇失蹤。

這一切發生在西元前三二三年，他當時只有三十三歲。這些數字你應該很容易就能記住吧，這些數字基本都是三，除了中間的那個二。

亞歷山大大帝征服的土地最多，這些領土都歸於他一人的統治之下，但這並不是我們稱他為「大帝」的唯一原因。他不僅僅是最偉大的統治者和將領，還是最偉大的老師呢！你可能對此會感到奇怪吧？是亞里斯多德教會他成為一名老師的。

亞歷山大教他所征服的那些地方的人們學習希臘語，這樣他們就能閱讀希臘的書籍；他教給他們關於希臘的雕塑和繪畫方面的技巧；他還教他們希臘哲學家所說過的名言，這些哲學家包括蘇格拉底、柏拉圖，還有他的老師亞里斯多德；他還教他們進行體育訓練，就和希臘人為參加奧林匹亞運動會所做的一樣。

亞歷山大大帝與其妻子羅克桑娜（義大利畫家羅塔里所繪）。

亞歷山大娶了一個美麗的波斯女子，她的名字叫羅克桑娜。但是，他們唯一的孩子在亞歷山大死後才出生，因此，沒有人能繼承這位偉大國王的大業。他死前曾對眾多將領說，他們之中最強大的人將會成為下一位統治者，而必須透過比武來確定這個人選。

他的將領真的用了比武的辦法，最後有四個人獲得了勝利。他們決定把這個偉大的帝國分為四份，每個人分得一塊地盤。

獲勝的其中一個將領名叫托勒密一世，他得到的地盤是埃及，還把埃及治理得很好。但其他那三個人就沒他這麼了不起，過了一段時期之後，他們的領土都逐漸衰落下去，並且四分五裂了。這就像吹氣球一樣，你不斷吹氣，氣球就變得越來越大，亞歷山大的帝國也是這樣越來越大，直到「啪」的一聲，什麼都沒了，就只剩下了一堆碎片。

校長爺爺小叮嚀

1. 亞歷山大大帝征服埃及後，為了慶祝這次的勝利，因此以自己的名字為尼羅河入口處的一座城鎮命名。
2. 亞歷山大大帝的法洛斯燈塔，也是世界七大奇蹟之一。
3. 亞歷山大大帝死後，其將領用比武的方式，將這個偉大的帝國分為四份。

第一次布匿戰爭

找碴打仗

年代：西元前264年～西元前241年

當亞歷山大大帝去世後，希臘呈現四分五裂的狀態時，
一直默默在義大利半島成長的羅馬，開始崛起。
當時海上貿易的霸主迦太基人，並不希望看到羅馬崛起，
羅馬也視迦太基為潛在威脅，因此雙方便找了一個微不足道的小理由開戰，
是不是很像小孩子間的吵架呢？讓我們跟著校長爺爺，
一起來看看到底發生什麼事了吧！

有句俗話講：「皇帝輪流做，明天到我家。」以運動比賽來說，網球冠軍或是賽車冠軍贏得冠軍後，會一直保持著冠軍的頭銜。不過，早晚都會被更年輕、更優秀的運動員取代。

同樣的道理似乎也適用於國家。一個國家從另一個國家手中贏得霸主地位後，當這個國家逐漸衰落，最終又由後起之秀接替了它的地位。

我們已經知道尼尼微曾做過世界霸主；接著
輪到了巴比倫；接著
輪到了波斯；接著
是希臘；而最後
是馬其頓。

你可能會好奇，亞歷山大帝國四分五裂後，誰會是下一任霸主呢？

亞歷山大在征服世界的時候，一直是朝著日出的東方和南方前進，而忽略了日落方向的西方國家——羅馬——我們有一段時間沒有提到它了。那個時候，羅馬只是一個小城鎮，那裡街道狹窄，房子也都是些小木屋。對亞歷山大大帝來說，這樣的地方他根本不會放在心上。

那時羅馬也沒有什麼野心，只是想要防止外界侵犯。但是到了這個時期，羅馬開始發展，不但能夠保護自己的國土不受侵犯，還能對外發動戰爭了。羅馬差不多和義大利所有城邦都打過仗，並且取得了勝利，最終羅馬成了整個「靴子」地區的霸主。這裡的「靴子」指的是義大利，因為義大利的國土形狀就像一隻靴子。接著，羅馬人開始環顧外面的世界，看看在義大利之外是不是還有什麼地方可以去征服。

可能你在地圖上看到了，義大利這隻「靴子」前尖正對著它前面的一個小島，就好像要把它當足球踢。這小島是西西里島，而穿過地中海的北非那邊有一個城市正對著西西里島，這個城市叫迦太基。

迦太基城是腓尼基人在多年前建立的，已經發展成為一座非常富有、強大的城市。很多年過去了，腓尼基人已經和北非當地叫做柏柏爾人的原住民融合，形成了一種獨特的文明。他們在農場裡種植了大片的果樹和橄欖樹，還飼養了成群的牛、羊和馬。其中，富人還擁有很大的莊園。

由於迦太基臨近海域，就建造了很多船隻，和地中海沿岸的其他海港進行貿易往來，就如古代腓尼基人的泰爾城和西頓城一樣。到這個時候，迦太基已經控制了地中海西端的全部地區。

迦太基不想看到羅馬變得強大、有力。換句話說，迦太基覺得羅馬是個潛在的威脅。而羅馬也嫉妒迦太基的富有和發達的海上貿易。所

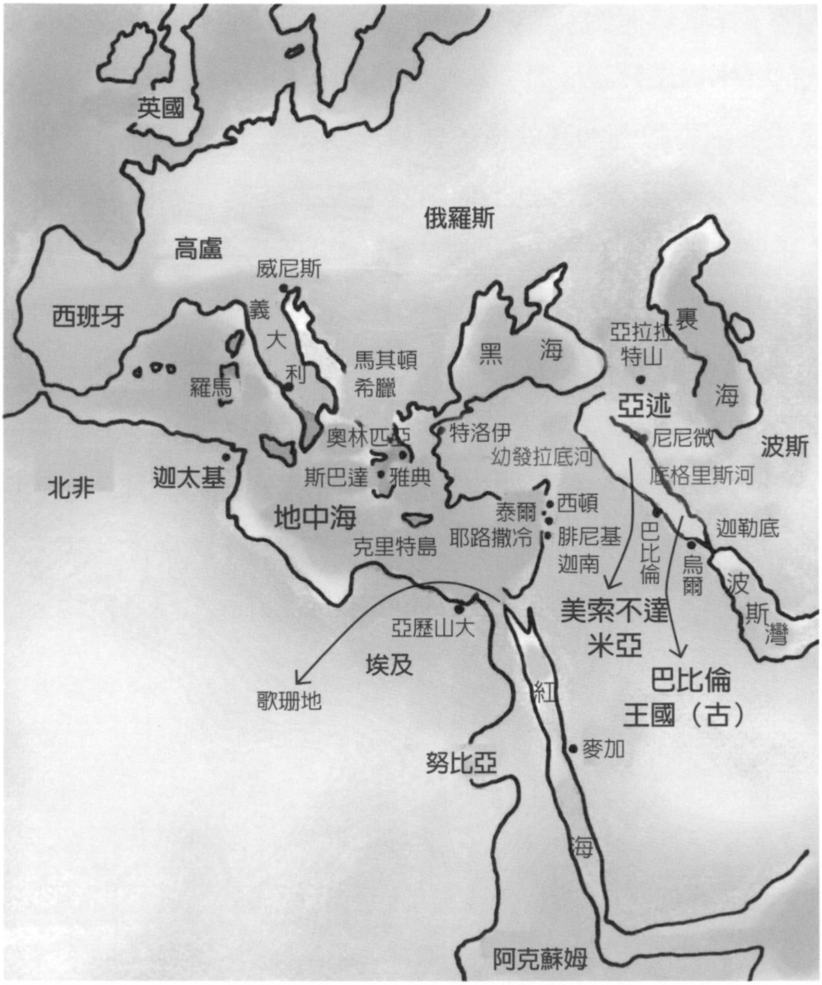

地中海地圖，包含迦太基、西班牙等地。

以，羅馬急切的想找到一個藉口，來挑起和大海對面這個敵手的戰爭。

你現在明白了吧，如果是成心想找麻煩，要挑起爭端和引發戰爭是再容易不過啦。一個男孩伸了伸舌頭，另一個男孩踢了他一腳，於是兩個人就打起來了。

哈，這兩個國家當時就像兩個小孩子一樣，找了個微不足道的理由就開戰了，雖然他們說這是戰爭，其實不過就是小孩子在吵架，只是沒有爸爸媽媽過來教訓他們，並把他們各自領回家去。

很快，羅馬和迦太基就找了個藉口開戰。**羅馬人把這次戰爭叫做「布匿戰爭」，因為布匿是他們對腓尼基人的稱呼，而迦太基人的祖先就是腓尼基人。**因為迦太基在海的那邊，羅馬人要乘船才過得去。但是羅馬沒有船隻，因為它不在海邊，不知道該如何造船，也不會駕船航行。而迦太基人則有很多很多的船，還有眾多經驗豐富的老水手。

碰巧的是，羅馬人這時發現了迦太基人扔在海邊的一條船隻殘骸，他們立刻按照這條船的樣子造起船來。在非常短的時間裡，他們就造出了一條，接著一條又一條的生產，最後他們擁有了大量的船隻。然後，羅馬人攻擊了迦太基的艦隊，儘管他們在海戰方面還沒有經驗。

義大利西西里島對面，就是腓尼基人建立的迦太基城（迦太基城遺址）。

這種情況下，迦太基人應該能輕鬆獲勝才對，因為羅馬人對於船隻了解得很少。在以前的海戰中，羅馬人的作戰方式都是駕船直接衝向敵人的船腹，直接搗毀和擊沉對方的戰船。

羅馬人知道，如果這樣作戰，他們肯定不是迦太基人的對手。於是他們想了個辦法，讓他們在海上也能和在陸地上作戰一樣。他們發明了一種巨大的鐵鉤子，叫做「烏鴉」。一旦羅馬人的船隻靠近迦太基戰船的一側，他們不是直接把對方撞沉，而是扔出大鐵鉤或烏鴉，鉤住對方的戰船，把兩條船拉近到一起。這樣，羅馬戰士就可以衝到敵人的船上，像在陸地上一樣和對方短兵相接。這個方案奏效了。

這種新的作戰方式讓迦太基人大吃一驚，所以羅馬人首戰告捷。

但是，羅馬人也不是一直占上風，迦太基人很快也學會了這種作戰方式。因此，雙方在海陸大戰中各有輸贏。不過，最終羅馬人取得了勝利，迦太基人被打敗，結束了第一次布匿戰爭。

！校長爺爺小叮嚀

1. 迦太基城正對著西西里島，是由腓尼基人所建立的。
2. 羅馬人稱腓尼基人為「布匿」，迦太基的祖先為腓尼基人，因此羅馬與迦太基的戰爭被稱為「布匿戰爭」。
3. 羅馬人發明了一種巨大的鐵鉤「烏鴉」，用來鉤住敵軍的戰艦，讓羅馬戰士可以衝到敵人的戰艦上。

第二次布匿戰爭

「靴子」的反擊和踐踏

年代：西元前218年～西元前201年

第一次布匿戰爭時，迦太基人輸給了羅馬，
然而，迦太基人並不因此放棄，反而激起了他們的鬥志，決定再次進攻羅馬。
但是，上一次正面進攻已經以失敗告終，這次迦太基人會怎麼做呢？
一起跟校長爺爺來看看，第二次布匿戰爭到底是誰勝誰敗吧！

迦太基人並沒有一敗塗地，他們在等待時機向羅馬討回公道。但是，之前從正面進攻義大利的方式失敗了，於是決定改由後方攻擊。他們的計畫是繞一個大圈子，經過西班牙，從義大利北部上方攻入羅馬。

為了實現這個計畫，他們必須先征服西班牙，這樣才能經由這裡進攻羅馬。他們輕而易舉的攻下了西班牙，因為迦太基有一位偉大的將軍名叫「漢尼拔」。可是接下來，他們在這條進攻路線上，遭遇了極大的困難。

在這個「靴子」的上方，也就是義大利的北部，有一座山峰叫阿爾卑斯山。阿爾卑斯山有幾千公尺高，常年覆蓋著厚厚的冰雪，即便是夏天也不會融化。山上到處是懸崖峭壁，一不小心就會跌下萬丈深淵。

因此，阿爾卑斯山可以說一座堅實的天然屏障，比任何國家建造的城牆都堅固。羅馬人理所當然的認為，沒有軍隊能翻越這無比高大而

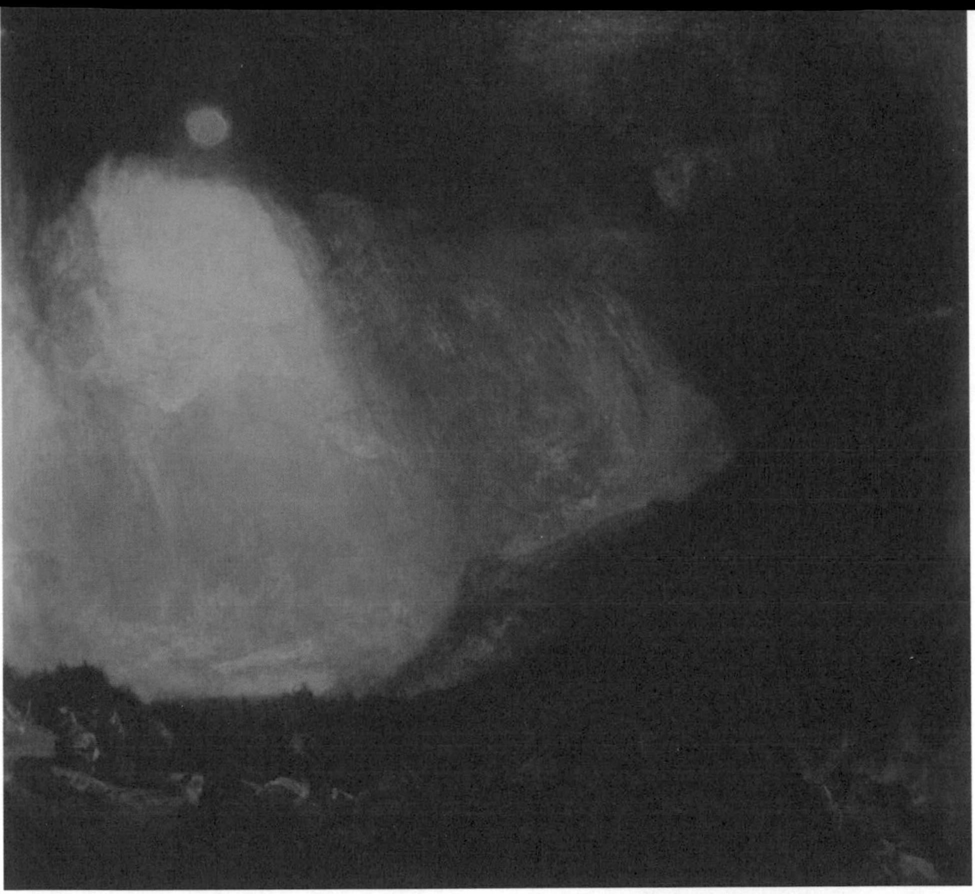

漢尼拔翻越阿爾卑斯山（英國浪漫主義風景畫家約瑟夫．瑪羅德．威廉．特納所繪）。

又危險萬分的「城牆」。

一次又一次的事實證明，許多不可能的事情，因為有人堅持並成功了。

人們曾說過，人是不可能在天上飛的。可是，後來有人做到了。

人們說，軍隊是不可能穿越阿爾卑斯山的。然後，漢尼拔來了，在羅馬人還沒明白發生了什麼事情之前，他率領著軍隊翻過了阿爾卑斯山，打到了義大利的後方！

他做到了！漢尼拔還把他的象群從非洲帶到這裡。象群就如同古代戰爭中的「坦克」，是非常有價值的作戰工具。你能想像一大批軍隊

布匿戰爭期間，在義大利的漢尼拔（壁畫）。

和象群是怎樣翻越那些高山的嗎？

羅馬人無法阻止漢尼拔的大軍進攻，大軍一路過關斬將，接連取得勝利。漢尼拔的軍隊在義大利如入無人之境，征服了從北到南的眾多城鎮、為所欲為。照這樣下去，羅馬就要被打敗，整個義大利就要被攻陷了。

有時，在一些競賽中，如果你無法捍衛自己的地盤，試著攻擊對手的地盤可能是個不錯的選擇。

羅馬人認為他們應該試試這個辦法。當漢尼拔進攻羅馬的時候，羅馬就去攻擊迦太基，因為這時迦太基的大將軍遠離了國土，當地已經沒有傑出的將領可以保衛國家。羅馬人派出了一個名叫西比奧的少年將領，讓他領軍執行這個計畫。

西比奧首先到了西班牙，在那裡截斷了漢尼拔的後路，使他無法從原路返回迦太基。接著，他率軍渡海登陸非洲，直接進攻迦太基。

迦太基人面對突然到來的進攻驚慌失措，因為他們的大將軍和大部隊都遠在義大利。於是，他們迅速派人通知漢尼拔回來救援。雖然漢尼拔後來趕回到迦太基，但已經太遲了。在迦太基附近的札馬，西比奧和漢尼拔的軍隊進行了決戰。這場戰役非常有名，在這次戰爭中，迦太基又一次被擊敗了，這是它第二次被羅馬人擊敗。就這樣，在西元前二〇二年，第二次布匿戰爭結束了。這次戰爭的時間和地點也很容易記住的：札馬（西元前二〇二年）。

羅馬人兩次對戰迦太基人都獲勝了，你可能認為他們滿意了吧？但他們沒有。他們覺得還沒有徹底把迦太基打倒，擔心迦太基還保留著一定的實力，還有機會東山再起。他們認為如果不把迦太基人趕盡殺絕，星星之火可以燎原，早晚還會成為自己的心腹大患。

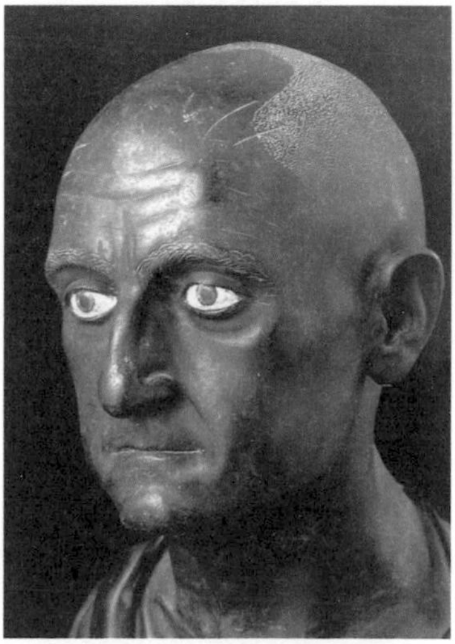

西比奧頭像。

現在，如果你的對手已經被打敗，你還要繼續痛打他，這是很沒有風度的行為。迦太基已經被打敗了一次又一次，遍體鱗傷。但是，幾年之後，羅馬人第三次進攻了迦太基，這也是最後一次。

迦太基人已經無力保衛自己的家園，羅馬人毀滅了這座城市。不過，後來羅馬的將領尤利烏斯．凱撒重建了這座城市。再後來，羅馬人又在附近興建了其他一些城市，並在城市之間修建了四通八達的道路，在城裡修建了自來水管。

現在，我們還可以到這裡來參觀羅馬的遺跡，這個地方現在叫「突尼斯」。

札馬之戰。西比奧在札馬打敗漢尼拔。

校長爺爺小叮嚀

1. 第二次布匿戰爭時，漢尼拔曾率領軍隊與象群，翻越義大利北方的阿爾卑斯山，進攻羅馬。
2. 第二次布匿戰爭，羅馬的西比奧與迦太基的漢尼拔於札馬進行了決戰，而迦太基又一次被羅馬擊敗。
3. 第三次布匿戰爭，羅馬摧毀了迦太基城。

動動腦，想想看！

看了這麼多有趣的戰爭時代故事，讓我們看看你知不知道這些問題的答案吧！

Q1 馬拉松運動，是為了紀念哪個戰役呢？

Q2 希臘城邦雅典，是以哪個神祇的名字所命名的呢？

Q3 兩次的布匿戰爭，是哪兩個民族間的戰爭呢？

檢查看看，你答對了嗎？

A1 希臘對抗波斯的馬拉松戰役。

A2 智慧女神雅典娜。

A3 羅馬人與迦太基人。

這些問題你都答對了嗎？

答對了，請繼續跟著校長爺爺，一起探索《給中小學生的世界歷史【中世紀卷】》吧！

答錯了別灰心，翻回前面，跟校長爺爺搭上時光機，看看世界的故事！

地理

適讀年齡：9～15歲

閱讀關鍵字：基礎歷史建構、培養世界觀、引發學習興趣

跟著美國最會說故事的校長爺爺
讓嚴肅的地理知識變成有趣的旅行故事！

美國最會說故事的校長爺爺
維吉爾 · 希利爾——著

★文化部「中小學生讀物推介」推薦書籍
★教育部「新生閱讀起步走」獲選書籍
★台北市教育局「深耕閱讀」推薦書籍
★美國外交部鼎力推薦，美國中小學生的最佳讀物
★入選「影響中國孩子一生的十大圖書」
★連續兩年入選中國教育部推薦「小學生基礎閱讀書目」

世界這麼大，地球上有好多個國家，要記住這麼多世界知識，是不是覺得很難呢？其實，地理也可以學得簡單又有趣！

Q：你知道，只要伸出左手，就可以輕鬆理解墨西哥灣旁邊的地理概念嗎？
Q：你知道，只要把歐洲地圖轉半圈，就可以看見一個愛踢足球的老奶奶嗎？

讓擅長將知識化做篇篇動人故事的校長爺爺，以孩子的視角、旅行者的眼光講述世界地理，瞬間拉近地圖與孩子的距離。

● 搭配全彩地圖，讓閱讀更深入。

● 重點知識叮嚀。

【教育界人士一致推薦】

李裕光（昶心蒙特梭利學校校長）、**李家同**（清華大學教授）、**鄭婉琪**（之道學習創辦人）、**周鄭州**（全人實驗高級中學）、**林光義**（慧燈中學創辦人）、**李崇建**（暢銷書《沒有圍牆的學校》作者）、**彭菊仙**（親子教養書作家）、**劉旭欽**（全國教師工會）、**謝國清**（全國家長團體聯盟前理事長）、**李秀貞**（各級學校家長協會理事長）、**張榮輝**（中小學校長協會榮譽理事長）、**呂理政**（國立歷史博物館館長）、**葉建良**（台南圖書館館長）、**花梅真**（明德國小老師）、**連瑞琦**（河堤國小老師）、**黃學仁**（彰福國小老師）、**顏如禎**（日新國小老師）、**何素琴**（信義國小老師）

藝術

適讀年齡：9～15歲

閱讀關鍵字：基礎藝術史建構、培養美感、引發學習興趣

嚴選近200幅名畫、200座雕塑、100座偉大建築，培養中小學生藝術&美感素養

美國最會說故事的校長爺爺
維吉爾 · 希利爾——著

★文化部「中小學生讀物推介」推薦書籍
★台北市教育局「深耕閱讀」推薦書籍
★美國外交部鼎力推薦，美國中小學生的最佳讀物
★入選「影響中國孩子一生的十大圖書」
★連續兩年入選中國教育部推薦「小學生基礎閱讀書目」

世界這麼大、藝術看起來好無聊，要了解這些偉大藝術品，
是不是覺得很難呢？
擅長將知識化做篇篇動人故事的校長爺爺，
以孩子的視角，帶你搭時光機一起穿越古今與
偉大藝術家做朋友。
嚴肅、艱深的繪畫概念、
雕塑基礎、建築知識，也
瞬間變得親切可愛了！

● 藝術家小檔案，欣賞藝術前先了解創作者。

● 豐富的圖片，彷彿拜訪了全世界的美術館。

【教育界人士一致推薦】

李家同（清華大學教授）、**彭菊仙**（親子教養作家）、**連瑞琦**（河堤國小老師）、**李秀貞**（各級學校家長協會理事長）、**黃椿昇**（財團法人兒童藝術文教基金會執行長）、**林千鈴**（蘇荷兒童美術館館長）、**林明德**（台北教育大學藝術與造形設計學系講師）、**鄭婉琪**（之道學習創辦人）、**趙介亭**（綠豆粉圓爸、展賦教育文創執行長）、**嚴淑女**（童書作家與插畫家協會台灣分會會長）、**阿正老師**（怪獸共和國負責人）、**李淑明**（赤皮仔自學團美術老師）、**黃振裕**（《最美的教室》作者）、**吳燕燕**（資深教師）

適讀年齡：9～15歲

閱讀關鍵字：基礎閱讀培養、同理心建構、增進文字寫作能力

青春期的困頓與焦慮，需要故事來解答
「卡內基兒童文學大獎」入圍作家暢銷三部曲

麗莎・湯普森——著

★北市圖「好書大家讀」推薦書籍
★博客來網路書店選書
★誠品書店、香港誠品書店選書
★《泰晤士報》選書
★卡內基兒童文學大獎入圍
★布蘭福博斯獎入圍
★全英國獨立書店週選大獎
★「好閱讀」最佳少年與兒童圖書入圍
★每日郵報夏日閱讀選書
★南華克圖書獎
★英國水石書店童書獎入圍
★英國最大童書閱讀機構 Book Trust 推薦
★英國童書聯盟童書獎
★英國讀寫學會圖書獎入圍
★香港教育城「十本好讀」推薦書籍
★海峽島兒童圖書獎
★博爾頓兒童圖書獎
★頓卡斯特狂愛閱讀大獎
★豪恩斯洛學校圖書館少年圖書獎
★韓國幸福晨間閱讀選書
★韓國慶南教育家庭月選書

患有強迫症的《金魚男孩》
無法控制情緒的《橡皮擦男孩》
面臨父母離婚的《墓園女孩》

因為兒時的一段痛苦經驗，讓「金魚男孩」馬修患上了強迫症。他不敢出門、不敢去上學，他就像魚缸裡的金魚，只能透過玻璃窗觀察外面的世界。
而「橡皮擦男孩」麥斯，則是大家眼中的大麻煩，他騎腳踏車撞倒行道樹、破壞鄰居家的院子，還在當紅節目到學校錄影時，害全校大停電。覺得被世界討厭的麥斯，該怎麼辦呢？
可愛、古靈精怪的「墓園女孩」梅樂蒂則是常常跑去可怕的墓園閒晃，因為對她來說，寧靜的墓園可以讓她躲避家中的爭吵、困難的友誼問題。然而在墓園的角落，卻出現了一個自稱間諜的男孩海爾，梅樂蒂該相信他所說的話嗎？
暢銷新銳作家、英國討論度最高的故事大師麗莎 • 湯普森經典青少年小說！
在幽默溫暖的故事中，讓我們跟著金魚男孩馬修、橡皮擦男孩麥斯、墓園女孩梅樂蒂，在探案與解謎中找尋自我，在冒險中看見友誼，在困境中學會面對恐懼……

【兒童文學界、教育界感動推薦】

王淑芬（兒童文學作家）、**吳在媖**（兒童文學作家）、**李貞慧**（繪本暨青少年文學閱讀推廣人）、**林世仁**（知名兒童文學作家）、**林怡辰**（彰化原斗國小教師）、**邱慕泥**（戀風草青少年書房店長）、**胡展誥**（諮商心理師）、**徐永康**（台灣兒童閱讀學會常務理事）、**許建崑**（東海大學中文系教授）、**陳安儀**（親職教育專欄作家）、**陳欣希**（台灣讀寫教學研究學會創會理事長）、**彭遠芬**（教育部閱讀推手）、**游珮芸**（台東大學兒童文學研究所副教授）、**湯華盛**（精神科醫師）、**番紅花**（親職作家）、**黃淑貞**（小兔子書坊店主）、**黃筱茵**（兒童文學工作者）、**葛琦霞**（悅讀學堂執行長）、**諶淑婷**（文字工作者）、**賴嘉綾**（作家、繪本評論家）、**羅怡君**（親職溝通作家與講師）

【閱讀關鍵與特色】

- **閱讀關鍵字**：情緒、行為問題、自我價值、友誼、爭吵、青少年焦慮、同理心。
- **教育議題**：品德、安全、家庭教育、閱讀素養。
- **學習領域**：語文、社會、歷史、綜合活動。
- **核心素養**：系統思考與解決問題、身心素質與自我精進、人際關係與團隊合作、道德實踐與公民意識。

文學

適讀年齡：9～12 歲

閱讀關鍵字：基礎閱讀培養、想像力發展、文字寫作能力

「歐盟文學獎」、「荒野寫作大獎」獲獎作家《借物少女艾莉提》的奇幻冒險 ╳《少年小樹之歌》的自然感動

梅麗莎．哈里森——著

★ BBC 原野紀錄寫作獎

★愛爾蘭圖書獎「隨身讀物獎」入圍

古老的樹之精靈守護著大地，
他們隱居在葉片之間、躲藏在花朵之中，
唯有最純淨的心靈，能夠看見亙古的世界……

當三位自然守護者——小苔、阿榆還有老雲——從長久的睡夢中醒來，他們發現野外的世界正在改變，人類開拓了原野、砍伐了森林、植物漸漸減少，動物也逐漸消失……

如同早已消散的自然生物，小苔、阿榆還有老雲也一點一滴的衰退。為了阻止野生世界消失，他們必須穿越危險的人類世界，才能扭轉自己的命運——他們跟著鹿群，越過車流快速的「死亡之路」；他們將希望寄託在鳥兒身上，卻遇上了強烈的暴風雨；當他們即將抵達旅途終點，卻又遇上了危險的野貓……

【教育界、兒童文學界感動推薦】

李貞慧（繪本暨青少年文學閱讀推廣人）

林怡辰（國小教師、閱讀推廣人）

林美琴（作家、閱讀培訓講師）

徐明佑（華德福資深教師）

★《樹精靈之歌❷》

（預計2022年12月出版）